大学生心理辅导教育探究

张婷婷　著

北京出版集团
北 京 出 版 社

图书在版编目（CIP）数据

大学生心理辅导教育探究 / 张婷婷著 . -- 北京 ：北京出版社，2024. 12. -- ISBN 978-7-200-19241-4

Ⅰ . G444

中国国家版本馆 CIP 数据核字第 20252UE448 号

大学生心理辅导教育探究

DAXUESHENG XINLI FUDAO JIAOYU TANJIU

张婷婷　著

*

北 京 出 版 集 团
北 京 出 版 社　出版

（北京北三环中路6号）

邮政编码：100120

网址：www.bph.com.cn

京版北教文化传媒股份有限公司总发行

全国各地书店经销

天津和萱印刷有限公司印刷

*

720 mm×1 000 mm　16开本　10.5印张　176千字

2024 年 12 月第 1 版　2024 年 12 月第 1 次印刷

ISBN 978-7-200-19241-4

定价：68.00 元

前　言

在当今社会，大学生面临的心理压力日益增大，心理健康问题日益凸显。如何有效地开展大学生心理辅导教育，提高大学生的心理素质，已成为我国高等教育的重要课题。本书旨在深入探讨积极心理学在大学生心理辅导中的应用，分析大学生心理辅导的现状，探讨辅导员开展大学生心理健康教育工作的有效途径，以及团体心理辅导活动在大学生心理健康教育课程中的应用。

我国政府高度重视大学生心理健康教育，出台了一系列相关政策，要求各级学校建立健全心理辅导机构，开展心理健康教育。近年来，心理学研究成果不断涌现，为心理辅导提供了理论依据和实践指导。同时，心理辅导方法和技术的不断创新，也为大学生心理辅导提供了更多有效的途径。随着社会观念的逐步开放，人们对心理健康的认识逐渐加深，越来越多的人愿意通过接受心理辅导来解决心理问题。大学校园注重促进学生全面发展，注重心理健康教育，通过举办各类心理辅导活动，提高大学生的心理素质。综上所述，大学生心理辅导教育目标的实现是社会竞争压力、教育政策支持、心理学发展、社会观念转变及校园文化等多方面因素共同作用的结果。

大学生心理辅导教育是一项系统性、长期性的工作，需要我们从多角度、多层次进行研究和探索。积极心理学为我们提供了全新的视角和方法，有助于我们更好地理解和解决大学生的心理问题。希望通过本书的研究，为我国大学生心理辅导教育工作提供有益的参考，推动大学生心理健康教育的创新发展。

本书分为五章，全面探讨了大学生心理健康的问题。第一章剖析了大学生心理发展的基本特征，明确了大学生心理健康的判定准则，分析了其影响因素，并阐述了现今大学生的心理健康问题与维护。第二章深入探讨了大学生的情绪世界，包括大学生情绪概述，大学生常见的情绪困扰及成因，以及如何培养大学生良好的情绪。第三章则围绕大学生心理健康教育与辅导体系构建，详细介绍了教育课程教学和活动的组织、心理危机干预模式的构建、辅导员团队的建设和积极心理品质培育机制的构建。第四章着重于大学生心理辅导实践，包括心理辅导及其理论基础、个体心理辅导的基本技能、团体心理辅导的过程和其中的领导。第五章则从大学生心理健康教育多元发展的角度出发，探讨了大学生网络心理的调适、就业心理的辅导和生命教育的辅导。

在撰写本书的过程中，笔者得到了许多专家学者的帮助和指导，参考了大量的学术文献，在此表示真诚的感谢！由于笔者水平有限，加之时间仓促，本书难免存在一些疏漏，在此恳请同行、专家和读者批评指正！

张婷婷

2023 年 10 月

目　录

第一章　大学生心理健康概述……1

第一节　大学生心理发展的基本特征……1

第二节　大学生心理健康的判定准则……10

第三节　大学生心理健康的影响因素……16

第四节　现今大学生的心理健康问题与维护……20

第二章　大学生的情绪与培养……24

第一节　大学生情绪概述……24

第二节　大学生常见的情绪困扰及成因……31

第三节　大学生良好情绪的培养……36

第三章　大学生心理健康教育与辅导体系构建……43

第一节　组织大学生心理健康教育课程教学和活动……43

第二节　构建大学生心理危机干预模式……62

第三节　建设大学生心理健康教育辅导员团队……67

第四节　构建大学生积极心理品质培育机制……69

第四章　大学生心理辅导实践……84

第一节　大学生心理辅导及其理论基础……84

第二节　大学生个体心理辅导的基本技能……92

第三节　大学生团体心理辅导的过程……98

第四节　大学生团体心理辅导中的领导……107

第五章　大学生心理健康教育的多元发展……112
第一节　大学生网络心理的调适……112
第二节　大学生就业心理的辅导……118
第三节　大学生生命教育的辅导……152

参考文献……159

第一章　大学生心理健康概述

想要全面认知大学生的心理健康需要考虑多个方面，包括认识他们的心理状态、了解其影响因素、采用什么有效的教育策略、如何处理通常遇到的问题及确定评估心理健康的标准等。注重这些方面可以帮助大学生改善心理健康状况。

第一节　大学生心理发展的基本特征

一、大学生智力发展的特征

智力是一个人各方面基本能力的综合体现，这些能力包括观察力、记忆力、想象力和思维力等。从本质上讲，智力是个体的综合认知心理特征。在整个智力发展过程中，思维力扮演着至关重要的角色。个体在出生后，其智力会快速发展，通常会在 20～35 岁达到最高水平。可以说，大学时期的个体正处于智力发展的黄金时期，与此同时，这一时期也是人类智力水平相对较高的时期。

（一）大学生观察力发展的特征

观察力是一种有目的、有计划、持续的知觉能力，能够使个体在观察过程中展现出较突出的目的性、条理性、敏锐性和准确性。如果大学生想要锻炼自身智力，观察力便是发展的门户。通常情况下，大学生观察力的发展呈现出以下 3 个特征。

1. 观察具有目的性和自觉性

步入大学后，大学生开始逐渐转变自己的学习态度，从过去的被动接受转变为主动探索。在转型后，大学生能够以明确的目标为导向，有意识地、自发地研究与自身学业和生活息息相关的事物，从而显著提升自身的目标观察能力和自我认知水平。随着大学生逐渐接受系统的专业学习、参与实践活动，他们逐渐建立并完善了本专业知识的架构。这一阶段的大学生倾向于从专业的角度观察事物，对于与自身专业相关的事物非常敏感。

2. 观察具有坚持性和敏锐性

在大学学习的过程中，大学生逐渐养成制定明确目标的习惯。与此同时，其学习的动力和意志力也获得了相应的增强。除此之外，大学生的观察力也得到持续的提高，这得益于他们思维能力的提升，其观察力表现出了坚持性和敏锐性的特征。大学生在任务的引导下进行观察活动时，能够持续专注，擅长发现被一般人忽视的重要细节和特征。

3. 观察具有准确性和深刻性

大学阶段的学习往往要求大学生在学习中主动参与思考、仔细观察、深入挖掘问题。在这种情况下，大学生观察的目的性获得了强化，观察的主动性、准确性和深刻性也有所提高。

（二）大学生记忆力发展的特征

在大学阶段，个体的记忆力最为成熟和活跃。在大学学习中，大学生的记忆力被定位为积累知识和经验的能力。它发展的主要特征表现为学生记忆的持久性、敏捷性、准确性和准备性。除此之外，在大学生智力结构中，记忆力还扮演着存储器的关键角色，它使学生能够将所学知识储存于大脑中。大学生记忆力发展的主要特征具体体现在以下 3 个方面。

1. 意义记忆占主导地位

在大学阶段，大学生通常会通过不断学习来逐渐提高自己的记忆能力。大学生需要学习和掌握大量抽象的专业知识，因此他们必须具备分析和综合所学知识的能力。这种能力要求大学生从逻辑体系、本质特点和内在联系等方面全面把握知识的内涵，以便深刻理解和记忆所学知识。在这一过程中，大学生自我认知能力和记忆能力便获得了发展。此外，随着大学生对知识和经验的不断积累，他们的思维能力和理解水平会不断地提高，使其在学习时能够更深入地理解所学内容，并开始进行意义记忆。在这种情况下，意义记忆便日渐占据主导地位。

2. 记忆的持久性和准确性明显提高

对于大学生来说，记忆的持久性和准确性是非常重要的记忆特征。这两种特征在大学生学习并掌握知识的过程中扮演着至关重要的角色。通常情况下，记忆的持久性指的是学生将所学知识长期保留在脑海中，不会因为时间的流逝而逐渐遗忘的能力；记忆的准确性指的是学生所记忆知识的精确程度。

正如前面所说，因为意义记忆在大学生记忆的过程中占主导地位，所以大学生往往会形成良好的认知结构。研究发现，良好的认知结构能够提高记忆的持久性和准确性，并促进记忆的发展。

3. 记忆的敏捷性和准备性迅速提高

良好的记忆品质包括个体记忆的敏捷性和准备性。通常情况下，敏捷的记忆能力指的是快速记忆的能力，即在一定时间内记住或回忆起多少事物。这种能力通常用于衡量一个人的记忆速度。而记忆的准备性，则是指在没有延迟的情况下，迅速回忆起所需知识的能力。

大学生所学习的专业知识通常逻辑思维严密，学习过程中重在理解和记忆概念与原理，这有助于建立良好的认知框架。因此，他们更容易将新知识与旧有框架相融合或将其转换成新的框架。

除此之外，大学生个人的注意力得到全新的发展，其注意力成为支撑所有智力活动的基础。与此同时，集中注意力也是大学生提高学习效率和认知能力的前提条件。这些因素也对大学生提升记忆敏捷性和准备性起到相当积极的推动作用。

（三）大学生想象力发展的特征

大学学习过程中的想象力通常被定义为学生通过在头脑中改变和转化看到的事物，使之呈现出崭新形象的能力。

在社会发展日新月异的今天，大学生的想象力被发挥得越充分，就越能提高其智力的活跃程度，进而加快智力成熟的速度。随着大学生的学识和认识不断扩展，以及思维能力的不断进步，他们的想象力也逐渐发展出了以下 3 个新的特征。

1. 现实性

进入大学后，学生的视野和活动的领域与高中阶段相比得到更大的拓展，他们越来越多地接触到现实的客观世界。随着独立思考能力的逐渐增强，学生的想法和行为与现实、社会之间出现了许多矛盾。因此，他们对原本天真烂漫的想象逐渐产生怀疑，并开始更加注重实际问题的思考。因此，大学阶段是个人将想象力从理想状态转化为现实状态的重要阶段。

2. 创造性

大学学习期间，学生的抽象逻辑思维能力快速提升，进而促进了他们创造能力的不断增强。在这个阶段，大学生开始突破童年时期想象力的边界，慢慢地将更多的创造性元素融入他们的想象中。数据研究表明，多数大学生具备相当丰富的创造想象力。此外，这种充满创意的想象力还表现出了与众不同的特质。

3. 丰富性

在大学校园中，大学生可以拥有更广泛的活动范围，积累比以往更多的经验。这些经历和知识的积累可以为他们未来的发展打下更坚实的基础，同时也拓展了他们的想象力。

除了将想象力运用在专业学习方面，他们还能运用想象力思考各种与专业无关的事物；除了运用想象力考虑个人利益，他们还会关注社会的未来和国家的命运。

（四）大学生思维力发展的特征

思维力是指个体能够用语言描述客观事物的本质和规律，进行概括性表述的能力；或者说是通过概念、推理和判断等方式解决问题的能力。大学生的思维力集中体现在思维的独立性、灵活性、广阔性、深刻性、逻辑性和创造性上。

思维力的提高是大学生智力成长的关键。思维力在大学生运筹和加工信息时扮演着关键角色，进而在观察、记忆和想象等方面发挥着至关重要的作用。以下是大学生思维力发展的特征。

1. 抽象思维得到进一步发展

个体的认知能力随着时间的推移而逐渐发展，呈现出一定的阶段性。通常情况下，个体的思维能力在不同时间段内呈现出的特征也会不同。一般而言，个体的思维能力会经历阶段性的发展过程，从最初的依靠直觉和行动引导思考，到通过具体形象的思考方式逐渐深入理解问题，最终达到能够进行抽象逻辑思维的高级阶段。个体的思维能力在这些发展阶段中逐步提升，从具体到抽象，从低级到高级。

在初中阶段，个体的抽象逻辑思维得到显著发展，并且进展速度较快。然而，这种思维常常依赖于经验，也就是说，初中阶段学生的抽象思考需要通过直接、具体的感性经验来支撑。

在高中阶段，个体逐渐摆脱了依赖经验的思考方法，转而采用理论化的思考，开始运用具有辩证性的思维方式。此刻，学生已经具备了丰富的抽象概念、规则和原则的知识。

到了大学阶段，大学教育有助于大学生快速提升知识和经验，并要求他们深入学习更多复杂的概念、原理、公式等。当面对问题时，大学生需要进行深入思考和分析，探究事物之间的内在联系，揭示其本质特点。这需要多方面和多层次的思考，而不是简单地寻找现成的结论或只列举表面现象。大学教育广泛锻炼了大学生的抽象逻辑思维，使他们逐渐将理论型和辩证型逻辑思维融入思考模式中。需要特别强调的是，在大学阶段，学生的抽象逻辑思维水平尚未完全成熟。

2. 创造性思维得到进一步发展

个体快速发展的重要特征之一就是具备创造性思维能力。创造性思维能力通常指的是拥有创意的思维方式，能够通过思考来展现事物的本质和规则，并生成独特且前所未有的创新思考成果。作为未来社会的重要成员，学生必须在大学期间充分发扬勤奋刻苦、创新拓展的精神，并积极培养探究知识、开阔思维的能力，这样才能与时俱进，适应时代的迅猛发展，才能跟上知识快速变化的步伐，并充分展现个人潜力，积极参与现代化建设。

鉴于政府的重视和投入，目前大学教育普遍设施完备，如拥有现代化实验室、设备和图书馆等，师资力量雄厚，学习环境优越。这些因素共同促进了大学教育的发展。与此同时，这些资源条件也会显著促进大学生创新思维的发展。大学生将会有更多的机会参与学习实践活动，积累更多的知识和经验，进而有效地促进创造性思维的发展。

3. 思维体现出更强的广阔性、深刻性

参加大学学习实践活动，有助于学生积累宝贵的生活经验和丰富的知识储备。基于此，大学生可以进一步拓展其思维的范围，并能够更深刻和全面地思考问题，能够独立地思考和探究不同学科和实践领域。

除了探讨专业问题和学习，他们还关注多种社会现象；除了个人问题，还考虑班级和学校等集体；除了表面现象，他们还会深入研究现象的本质和规律，用更为细致的思考方式去分析问题；等等。在这个阶段，大学生的思维显著地展现出了广阔性、深刻性的特征。

4. 思维体现出较强的独立性、批判性

大学生的独立性和批判性特征在其身心发展的过程中扮演着至关重要的角色。大学生已经不再像中学阶段那样被动地学习知识，而是更多地根据自己的需求自主地开展学习活动。这表明他们已经转向了自主学习的方式，不再依赖过去的教师传授知识的模式。

随着理论型思维的进步，大学生的思维能力也更加独立和具有批判性。大学生开始用批判性思维对周遭事物及人物进行审视，不再盲从他人观点，而是会思考其背后原因，且会时常与他人讨论及辩论某一观点或价值理念。他们勇于宣扬自己的独立思想，具备了自我批判和反思的能力。

二、大学生情感发展的特征

人类的情感是一种主观感受，基本来源于客观事物与个体需求的交互，具体表现为人类在这种交互情境下作出的反应。情感对于人类十分重要，拥有调节功能、感染功能、迁移功能、动力功能、信号功能和疏导功能。

在大学时期，个体的情感发展最为迅速。大学生的心理发展和教学活动的顺利开展都与情感密切相关。在大学阶段，大学生的情感健康是确保其心理全面、和谐发展的重要保证。除了智力因素，情感因素也是教学中极为关键的因素之一，教师不能忽略它在提高教学质量和实现教学目标方面的重要性。大学生的情感发展不仅与年龄相关，同时也受到环境和经历的影响，并呈现出了一定的个性化发展特征，具体表现如下。

（一）情绪、情感具有明显的两极性

情绪与情感具有明显的两极性，无论从哪个角度分析都是如此。其可以表现为赞同和反对、正面和负面、紧张和放松、强烈和弱化等不同形式。在特定的环境下，两极的情绪、情感可以相互转换。

高中学习压力的结束和大学的校园环境，通常会使大学生感到非常兴奋。大学生的情感体验变得更加丰富多彩，他们增加了学习的时间和活动量，同时也扩大了社交圈子，与更多人交往。他们会在学习过程中经历各种不同的情绪，如辛苦与愉悦、快乐与紧张，也会不自觉地开始深入探索各种情感，体会如激动、迷

惘、不安和满足等错综复杂的情绪。大学生的情感世界变得多姿多彩、纷繁复杂。因此，大学生往往会表现出情绪波动较大。此外，大学生的个性尚未发展成熟，辩证逻辑思维能力仍然存在缺陷，这往往导致他们在处理特定问题时表现出极端的倾向。

大学生的情绪和情感容易受到学习成绩、师生关系、同学交往、社会就业等社会因素的影响，这些因素集中出现时，会给他们带来较大的情绪波动。

（二）重视友情

友情是一种友好的情感，它建立在个体之间，对于大学生来说是一种非常重要的人际关系。友谊可以丰富大学生的情感生活，并产生积极的影响。许多大学生远离家乡在外求学，需要独自面对学业和生活等问题，因此需要与他人分享自己的经历，以获得情感支持、理解和实际帮助。他们渴望与他人建立真诚的友谊，热衷于与朋友分享烦恼，并希望建立以相互理解、信任为基础的纯洁友情。

（三）爱情逐渐成为情感体验的一个方面

作为一种特殊的情感，爱情是人类最崇高的情感之一。它是指不同性别个体之间超出友情的更亲密关系。只有经历过真正的爱情，一个人的人格才能得到更加和谐和完美的发展。

大学校园氛围自由、充满活力，大学生能够轻松地与异性接触，在寻找异性爱情方面拥有更多机遇。在这种情况下，大学生的恋爱会因为动机的差异而产生出独特的恋爱体验。

大学是个体学习的黄金时期，即便大学生能够享受相对轻松的学习氛围，他们仍然需要为了应对将来的挑战承担繁重的学业压力。如果大学生不能恰当地平衡爱情、学业和事业之间的关系，可能会因沉迷恋爱而耗费过多时间，进而对自己的学业、未来的发展产生不好的影响。在处理大学生恋爱问题时，大学管理者和教师不应忽视，也不能纵容，更不能采取限制等方式，而是需要加强针对恋爱观念的教育，灵活引导学生专注于学业。同时，高校应该提供必要的心理咨询服务，帮助需要倾诉的学生解决情感问题。

（四）高级情感日趋成熟、稳定

大学生在不断积累知识和提升能力的过程中，他们的道德、理性和审美素养获得了增强。这些高级情感日渐成熟、趋于稳定，逐渐成为大学生个性特征中的重要组成部分。高级情感的日趋成熟、稳定具体体现在以下 3 个方面。

1. 理智感发展方面

研究表明，在各种需求中，大学生追求知识的渴望占有独特而重要的地位。大学生对知识的迫切渴求为他们思维能力的发展和对事物的理性认识打下了扎实的基础。大学生在学习新知识时，往往会因为强烈的兴趣而表现得有些紧张。他们既会为一个理论观点而进行争论，也会为难解的问题倍感学习的艰辛。

2. 道德感发展方面

随着社会意识的不断深化，大学生的道德素质也在逐渐提高。具体表现在：大学生深深地热爱着自己的国家和同胞，怀揣着崇高的使命感和责任感，渴望建立人与人之间友好、平等、和谐的关系，对不正义的行为表示反感，热衷帮助他人和无私奉献，重视团队荣誉，推崇团结和公正。

3. 美感发展方面

大学生对于审美观和审美情感的认识已经日渐深刻和成熟。他们能够敏锐地感受到美，并且渴望追求美丽的事物。他们热爱那些天然的、美丽的景色，希望能够提升自己的道德境界、内心世界和人际关系，并不断加强个人修养，以追求人格上的完美。

三、大学生自我意识发展的特征

自我意识是个体对自己的意识，包含个体的自我认识、自我体验和自我控制三个方面。大学生的个性形成和发展离不开自我意识，它是个性结构的核心组成部分之一，同时也是个性发展必不可少的前提条件。

自我意识对大学生的兴趣、能力、性格、情感、意志和道德行为产生了深远的影响。随着大学生在生理、认知和情感等方面的逐渐成熟，他们的自我意识也会获得相应的增强。以下是大学生自我意识发展的主要特征。

（一）自我意识逐渐趋于稳定，但未完全成熟

通过对大学生自我意识的研究，可以发现，大学生已经呈现出相对较为成熟的自我意识发展水平。这可以通过比较自我认知、自我体验、自我控制三个方面

之间相互协调且组成有机整体的状态来体现。然而，这并不代表大学生已经完全具有了自我意识并且成长为完美的人。例如，大学生仍然在理想自我和现实自我方面存在着一些不协调之处。但结合大学生的自我意识发展趋势来看，大学时期可以视为大学生自我意识发展得相对平稳的阶段。

（二）自我认识水平更高，自我评价能力更强

大学生在进入大学后，由于学习和社会方面的压力增大，他们会更加迫切地关注自我，想要了解自己的愿望，并通常会在与周围人比较的过程中更好地认识自己。这也说明了大学生的自我认识已经具备了主动性和自觉性。

此外，大学生的自我评价能力也获得了提升，表现出越来越成熟的趋势。大学生能以更客观、可信的方式评价自己，并开始拥有更加多样化的内在世界。然而，大学生自我评价能力的发展水平参差不齐，有些大学生可能会过分高估自己，而有些大学生则会低估自己。

（三）自我体验深刻，自尊心显著增强

大学生获得了丰富的自我体验，包括积极向上和满足的体验，以及消极和不满意的体验。这些体验整体而言是积极的、健康的。

大学生的自尊需求表现得十分明显。自尊心是一种内在的自我意识，个体会要求人们对自己的发言和行动表现出相应的尊重，从而维护自身的荣誉和社会地位。它与自信心、尊严感、社会责任感、集体荣誉感密切相关，是具有积极向上作用的心理品质。

通常情况下，大学生拥有极强的自尊心，具体体现在大学生好胜心强，不愿意输给别人，相应地也非常重视自我保护。当涉及自己的尊严时，他们通常会表现得较为敏感，情绪反应也会较为强烈。当然，也因为大学生拥有强烈的自尊心，这种意识能够激发他们的进取心理，从而鼓励其努力使自身的行为举止能够获得他人的尊重与认可。

需要强调的是，一些大学生同时也会伴有强烈的自卑感，如果这种情况得不到及时的处理，有可能会对他们的性格产生严重的负面影响，甚至使他们陷入长期自我否定和自我放弃的消极心态。

第二节 大学生心理健康的判定准则

一、健康与心理健康

（一）健康

长期以来，人们普遍认为，健康是指身体没有疾病、不衰弱的状态。例如，《辞海》将健康定义为：人体各种器官发育良好、功能正常、体质健壮、精力充沛并具有良好活动效能的状态。通常用人体测量、体格检查和各种生理指标来衡量。[①]这一传统观点只考虑了身体健康的方面，而对心理健康问题则视而不见，将健康的定义局限在身体没有患病。

过去，中国人普遍只掌握生物医学模式对于健康的认知。随着时间的推移，人们对健康的理解和认知不断深化，越来越倾向于采用生理—心理—社会医学模式。1948 年，世界卫生组织在《世界卫生组织宪章》中强调：健康乃是一种在身体上、精神上和社会上的完善状态，而不仅仅是没有疾病和衰弱现象。1989 年，世界卫生组织针对以往的定义进行了修订，将健康的概念扩展至身体健康以外的方面："健康不仅是躯体没有疾病，而且还要具备心理健康、社会适应良好和有道德。"针对这一定义，世界卫生组织还详细制定了健康的十条标准。

第一，拥有处理日常生活和工作压力的足够精力。

第二，始终保持积极乐观的心态，勇于承担责任。

第三，懂得放松身心，能够保持良好的睡眠质量，精神饱满。

第四，具备强大的适应力，能够适应不断变化的外部环境。

第五，具备出色的内在调节能力，不易受外界干扰。

第六，拥有应对普通感冒、传染病的免疫能力。

第七，体重在适当的范围之内，身形均衡。

第八，眼睛明亮，视线活动灵敏，眼睑无炎症。

第九，牙齿干净，没有裂缝或损伤，不疼痛。牙龈的颜色正常，不出血。

---

① 陈至立. 辞海 [M]. 上海：上海辞书出版社，2019.

第十，头发不暗淡，肌肉紧致有力，皮肤富有弹性，骨骼坚强，步伐自然。

世界卫生组织还详细给出了人身心健康的“五快三良好”八标准，即吃得快、走得快、说得快、睡得快、便得快，良好的个性、良好的处世能力、良好的人际关系。

根据全面健康理念，健康的要素至少包括四个方面，即生理平衡、心理稳定、社会成熟、道德健康。这四个方面之间紧密关联，相互影响。生理疾病会损害心理健康，同时剧烈或持续的心理压力也会危害身体健康。换言之，严重的生理问题能够在心理层面有所反映，而心理状态的不稳定也会对身体造成影响。

另外，社会成熟与心理健康之间存在双向因果关系。如果心理状态不佳，则无法适应社会，而适应能力不强也可能会导致心理问题的出现。在某种程度上，道德健康可以被归为心理健康的一部分。当然，随着社会发展，不同阶级和群体相继出现，他们对心理健康、社会成熟、道德健康的价值给予不同的关注和重视。例如，过去的人们将健康误解为纯粹的生理健康，而现在的人们却已经开始重视心理健康、社会成熟和道德健康。在某种程度上，未来的心理健康会成为人类健康的核心部分。

（二）心理健康

通常认为，心理是人类对外界环境作出的反应，是生物在进化到高级阶段后，大脑出现的特殊功能。大学生不仅需要保持身体健康，还需要特别关注心理健康。

心理健康在大学生的成长过程中不能被忽略，其对大学生的发展有着至关重要的作用。越来越多的人认同“心理健康是健康的一半”的观念。健康不仅包括身体健康，心理健康同样重要。为了使身体保持健康，需要同时关注生理和心理层面的健康水平。

（三）心理健康水平等级划分

1. 健康状态

心理健康状态下的个体能够呈现出情绪积极、与他人之间的关系和谐、社会适应能力强、能够有效地调节自己情绪的特征。另外，还会展现出以下特征。

第一，个体在同样的时间内将会更多地感觉到愉悦感而非痛苦感。

第二，他人并未发现个体存在异常行为。也就是说，个人的情感和行为与周围环境和谐，并未感受到被孤立。

第三，拥有良好的社会功能，即个体能够有效地履行在家庭和社会中的职责，可以在日常社交场合中充分发挥才能，实现个人价值。

2. 不良状态

个体的心理状态处于健康与疾病之间为不良状态，也被称作第三状态。这一情况被认为是心理亚健康状态的表现之一，在正常人群中也比较常见，通常是由多种因素所致，如心理素质、生活经验和身体健康等。以下是心理不良状态的三个特征。

第一，症状的持续时间较短，在一周左右即可缓解和康复。

第二，影响程度较轻且对个体的社会功能影响较小，不会对个人社交和学业能力带来明显的不良影响。个体可以正常完成日常任务，但缺乏愉悦感，更多地感受到疲惫、乏力和情绪低落。

第三，个体可以通过参加休闲娱乐活动来进行自我调节，转移注意力。

3. 心理障碍

心理障碍是个体心理状态的某一方面出现了超前、停滞、延迟、退缩或偏离等状况，常常由内外部因素的影响造成。以下是心理障碍状态的三个特征。

第一，缺乏协调性。个体心理活动的外在表现可能不符合其年龄特征，或者表现出与常人不同的反应模式。

第二，针对性。当遇到特定的障碍对象时，个体才会表现出强烈的心理反应，但当面对非障碍对象时则表现正常。

第三，影响程度较大。这种状态可能会妨碍个体的社会功能，导致他们难以完成某些任务，无法达到常人的水准。尽管可以进行个人调整，但问题或许依然无法彻底解决。因此，在此状态下的个体应当寻求心理专家的帮助。

4. 心理疾病

心理疾病是指在个体自身和周围环境的多种因素的综合作用下引起强烈的心理反应并常常伴随着身体的不适症状。以下是心理疾病状态的四个特征。

第一，出现严重的心理反应，个体可能会判断失误、记忆力受损、疲倦无力、情绪沮丧忧郁、丧失自我价值感、感到加倍的苦恼感。

第二，个体在躯体上明显感到不适，一般会出现中枢控制系统功能失调的情况，从而对消化系统、心血管系统、内分泌系统造成负面影响，引发食欲不振、头晕等症状。

第三，对个体造成严重损害。心理疾病患者的社会功能受到限制，即使勉强能够发挥，也无法获得轻松快乐的体验，反而会承受强烈的痛苦。

第四，需要心理医生的帮助。尽管自我调节和非专业医生治疗可以缓解心理疾病的症状，但无法根治疾病，因此需要专业医生的帮助才能恢复。一般情况下，病人需要接受心理疗法和药物疗法的综合治疗。

二、心理健康的一般标准

（一）心理测量与统计学的标准

利用心理测量和统计学的知识，可以通过使用标准化的心理量表评估个体的心理健康状态。这种使用量表的评估方式被认为是一种规范化、标准化的测试方法，可靠性和有效性都相对较高。然而，契合中国文化背景的心理量表太少。并且在实际应用中，这些量表需要有专业人士进行操作和结果的解读，因此其在现实中的应用受到一定的限制。

（二）主观觉察与经验判断的标准

可以基于个体自身的体验和经验来评估其心理状态是否健康。这种评估心理状态的标准可从两个层面开展。

一是个体通过主观觉察与经验判断评估自身的心理状态。一般来说，存在心理问题的人会有一些心理症状，自己也能感觉到这些异常，并且认识到这些异常会给自己的身心带来不便和痛苦。以强迫症患者为例，这些人时常展现出一些不必要或不合理的行为，如有些人会频繁地洗手，有些人则会反复检查门是否锁好。尽管他们自知这些行为无益，却无法摆脱这样的困扰，本身就倍感苦恼。当然也存在否认自身具有心理疾病的人群，如患有躁郁症的病人，但这种坚决否认的防御行为恰好可以作为判断他们心理异常的标准。

二是研究者也会通过主观觉察与经验判断评估受试者的心理状态。这种方法主要以研究者的个人主观体验为基准，虽然使用起来比较便捷，但也会在较大程度上受到主观因素、个体差异性的影响。

（三）能否适应客观环境的标准

能否适应客观环境的标准，是指通过对个体心理行为在社会常规或日常常识下的适应程度进行评估的一种标准。这种评估旨在确定个体是否适应客观环境。

在社会中，人作为社会的一分子，应遵守社会准则和道德规范，这种遵守也能体现个体的心理健康。虽然此检测模式易于理解且符合常识，但考虑到社会规范在不断地演变和进化，且不同社会的规范存在差异，单纯以社会适应为评判标准对于患者来说存在显著的片面性和差异性。

（四）病因和症状存在与否的标准

在人类社会中，存在着一些心理异常现象或致病因素。从个体的病因和症状出发去了解其心理健康状况是可行的。

这种检测标准所采用的检测模式，要求检测者具备较高的临床医学和精神病学专业水平，因此普及的范围相对有限。同时，由于心理异常现象是由多个不同因素共同引起的，这也导致并非凭借一种诊断手段、技术就能够确定所有心理异常现象。

三、心理健康的理论标准

相对于身体的健康评估而言，心理健康的评估更加复杂且更具挑战性。迄今为止，学术界对心理健康标准的制定尚未达成统一。但是，针对这一问题，有许多有创意的学者在国内外展开了大量的探讨，提出了极富启发性的见解。本书将详细介绍一些富有代表性的国内外研究观点。

（一）国外学者的观点

美国心理学家、人本主义心理学的创始人亚伯拉罕·马斯洛（Abraham Maslow）提出了人心理健康的十条标准：

第一，充分了解自己，并能对自己的能力进行恰当的估计；

第二，适度的情绪宣泄与控制；

第三，能保持人格的完整、和谐；

第四，有充分的适应力；

第五，生活的目标能切合实际；

第六，与现实环境保持接触；

第七，具有从经验中学习的能力；

第八，能保持良好的人际关系；

第九，在不违背社会规范的情况下能适当满足个人基本需要；

第十，在不违背集体意志的前提下有限度地发挥个性。

（二）国内学者的观点

曾任北京师范大学教授的郑日昌提出，人的心理健康标准共有十条：一是认知功能良好；二是自我意识正确；三是个性结构完整；四是情感反应适度；五是意志品质健全；六是人际关系协调；七是社会适应良好；八是行为规范化；九是活动与年龄相符；十是人生态度积极。①

我国著名心理学家王极盛认为，人的心理健康有七条标准：其一，智力正常，能进行正常生活、学习和工作，能与周围环境取得平衡；其二，统一协调的行为，表现为思想行为的统一、协调，行动有计划，言语有逻辑性；其三，情绪稳定而愉快，不是变幻莫测、心情郁闷；其四，意志健全，意志品质（目的性、自觉性、果断性、坚持性）得到充分积极的发挥；其五，行为反应适度，反应敏捷但不是过敏，反应迟钝但不是不反应；其六，人际关系的心理适应，能与人建立良好的人际关系；其七，心理特点符合年龄阶段，有着与之相适应的心理特征，既非“老顽童”，也非“少年老成”。②

还有其他学者提出，心理健康主要包括六个方面的内涵：第一，对现实有正确的知觉能力——能面对现实的有效适应；第二，积极的自我观念——能了解并接受自己；第三，良好的人际关系——能有朋友且有亲密的朋友；第四，从事有意义的工作——有工作、勤于工作且热爱工作；第五，平衡过去、现在和未来的比重——活在现实生活中，吸取过去之经验并策划未来；第六，能自我控制感受与情绪——真实且实际地感受情绪并恰如其分地控制。③

四、大学生心理健康标准的主要内容

和其他群体的心理健康一样，大学生的心理健康状况也没有统一的标准来衡

① 郑日昌．中学生心理卫生 [M]. 济南：山东教育出版社，1994.

② 张灵聪，宋兴川．中学生心理辅导与咨询 [M]. 上海：华东理工大学出版社，1998.

③ 王以仁，陈若玲，林本乔．教师心理卫生 [M]. 北京：中国轻工业出版社，1999.

量。综合考虑大学生的年龄、心理和角色特点，并结合现有的心理健康标准，可以得出我国大学生心理健康标准的主要内容包括以下八个方面。

第一，智力正常，热爱知识，渴求学习机会，积极参加学习活动。

第二，拥有情绪管理的技能，能够适时地表达和抑制情绪，积极情绪在所有情绪中占据主导地位。情绪的产生是基于合理的因素，且根据情境展现出合理的反应强度。

第三，拥有较强的自律意识和良好的意志素质。有坚定意志的人通常在行动上拥有自觉性、果决性、坚韧性和自制性等优点，他们能意识到自己的目标并作出适当的决策和采取有效的行动解决问题。

第四，人格完整、协调一致。能力、气质和思想等方面综合发展，且可以适应社会；具有恰当而合理的问题思考方式，能恰当而灵活地对待他人，不会因外界刺激而出现不适宜的兴趣和行为。

第五，具备准确的自我评价能力。有明晰的自我认知，对自己的实际状况有确切的了解，能够客观地意识到自身的长处并欣然接受表扬；能够勇敢面对自己的不足，不沉浸于自怨自艾的情绪中，而是要接纳自己的短板，找到自尊、自强、自制和自爱的平衡点，自强不息。

第六，具备一定的与人相处的技巧。喜欢社交并保持自我独立完整的个性；擅长客观地评价他人、与他人合作；正向的社交态度比负向的社交态度更多；交往动机纯正。

第七，具备出色的适应性。具备与社会良好互动的能力，有能力应对环境中的挑战，并可以根据环境变化和自我情况作出相应的调整。

第八，心理行为符合大学阶段的年龄特征和角色特征。

总的来说，心理健康的大学生通常会体验到积极的情绪，如愉悦、乐观和满足感等，也能够在不同的情况下作出恰当的情绪反应。

第三节　大学生心理健康的影响因素

影响大学生心理健康的因素较多，概括来说，主要包括主观因素和客观因素，下面对其进行具体分析。

一、影响大学生心理健康的主观因素

影响大学生心理健康的主观因素主要包括以下四个方面的内容。

（一）理想自我与现实自我的矛盾

许多大学生在进入大学后开始面临各种困难，包括适应现实生活和处理各种客观问题等。同时，他们还要应对更加激烈的学习竞争，竞争的激烈往往使他们无法达到预期的目标。

大学生常常因为理想自我与现实自我的差距而感到沮丧，这种情绪可能会对心理状态造成严重影响。绝大多数学生有能力对现实进行自我调整以适应变化，但少数大学生可能会采取逃避现实冲突的方式处理问题。这些学生会夸大自己的缺点，从而忽略自己的优点，并表现出防御和压抑的情绪。

（二）人际关系问题

人际交往问题贯穿大学生的日常生活，对大学生来说是屡屡出现的心理挑战。大学生的心理健康常常受到人际关系问题的影响，相关人员应加强重视。这些人际关系问题发生在大学生与同学、老师、家人和亲友之间。

大学生在人际互动方面缺乏经验和技巧。也因为交际能力的缺乏，大学生在应对人际交往问题时会感到心理压力。

此外，大学生在人际关系认识方面也存在缺陷。他们渴望拥有良好的人际关系，但是其理想中的人际关系过于虚幻，大学生本身也比较被动，常常对现有的人际关系不满却不会主动交往，从而又导致已有的人际关系更加恶化。除了友情关系，大学生也需要应对与异性社交相关的困难。不少大学生不懂与异性交往的恰当方法，也不会处理异性交往中出现的问题。

（三）气质与性格特征

心理专家的调查结果显示，一些存在心理障碍的大学生常常表现出内向、不稳定的性格特点。这意味着他们的心理比较脆弱，对生活中的各种事件容易过度敏感。

作为人类心理活动稳定的动力特征，气质不直接决定个体行为，但能让人们的行为浸染上独特的风格。在面对失败时，胆汁质气质类型的人通常会有较为急躁冲动的反应，而那些抑郁质气质类型的人则往往表现出更加消极的情绪。虽然抑郁质气质类型的人表象平静，但内心深处却充满了苦恼。相关调查显示，抑郁质气质类型的个体更容易产生心理障碍。

性格与心理发展之间存在紧密的联系。研究显示，那些行事稳重、自律能力强的人在应对突发事件时可能表现出较低的应变能力；相反，具有攻击性、好斗且容易激动的人往往能够机智地应对突发事件，保持心理平衡。

（四）心理冲突

尽管大学生的生理发育已经完成，但是他们在心理上仍然呈现出不成熟、依赖和冲动的特征。很多大学生的人生经历比较单一，因此当他们面临挑战和障碍时，往往会感到非常困惑和矛盾，从而感受到巨大的心理负担。通常情况下，心理冲突大致可分为趋避冲突、双趋冲突、双重趋避冲突、双避冲突四类。

第一，趋避冲突，即个体中同时存在着趋向和回避某个目标的动机，这两种动机相互矛盾。除了满足人们的需求，这个目标还会对人们的心理造成威胁，因此引起人们的担忧。比如，很多大学生希望与异性建立恋爱关系，但由于缺乏经验，他们对主动追求有些顾虑，害怕遭到拒绝。

第二，双趋冲突，即个体面临具有同等吸引力的两个目标，却只能选择其中一个，这种双重吸引因素的冲突可能会导致内心纠结，难以作出决策。比如，大学生希望在理论学习和社会实践活动之间取得平衡，却不得不面对时间和精力的双重压力。

第三，双重趋避冲突，即存在两个目标，任选一个目标都会同时产生正面和负面影响。比如，有些大学生在考虑进入国企还是三资企业时，会遇到双重趋避冲突：他们会考虑国企的稳定性及各方面的保障，但也会注意到国企的工资相对较低；而三资企业尽管收入可观，但稳定性却不足。

第四，双避冲突，即出现同样会带来负面影响的两个目标。比如，如果管理者过分注重规章制度的遵守，就可能会引起他人不满；但如果不遵循规定进行工作，就会面临失职的危险。

在日常的生活与学习中，大学生常常面对各种心理冲突。例如，自己的专业与个人兴趣之间存在冲突，爱情与学业之间存在冲突，等等。倘若不能妥善处理这些内心矛盾，个人很有可能会陷入深刻的迷茫和痛苦之中。在这些心理冲突中，尤其需要重视大学生内心的各种价值观的相互冲突。价值观冲突若处理不当，甚至可能会导致大学生对生活感到无望，消耗他们的精神能量，从而影响他们的心理健康和正常的心理功能，对他们的心理健康产生难以挽回的恶劣影响。

二、影响大学生心理健康的客观因素

影响大学生心理健康的客观因素主要包括以下六个方面的内容。

（一）早期经历与家庭环境

若大学生在早年的生活境遇中曾经历某些不幸或受到伤害性体验，可能会对其日后的行为模式和生活态度造成负面影响。父母在孩子年幼时给予的爱、支持和鼓励，有助于培养孩子对初次接触者的信任和安全感，这能在孩子长大成人后与他人交往时起到重要作用。相反地，爱与支持的缺乏将导致个体逐渐形成孤独的性格，使其难以与他人相处，并影响其未来的成长和发展。然而，如果父母对子女过于保护或过分关注，也可能不利于孩子的成长和自信心的养成，进而对大学生的心理健康造成负面影响。

（二）客观环境适应问题

刚入学的大学生显然需要一段时间来适应大学生活。大学生需要在学习、生活、思维等方面追求自主，而这些方面在中学时期是没有独立要求的。

大多数大学生在初次离家并开始独立生活时，既需要面对独立解决众多问题的挑战，还需要重新认识周遭的人、建立社交网络。另外，大学生还需要适应自己在大学中角色的变化。大学校园中有大量优秀的人才，许多学生未能脱颖而出，这可能会导致一些学生感到自卑。许多大学生面对环境的巨变缺乏心理准备，在适应新环境的过程中出现了一些心理问题。

（三）生活习惯的变化

大学生来自五湖四海，学习习惯上的差异、经济和价值观方面的不同、社交方式的不同及在饮食上的差异，都有可能导致一些学生在适应环境方面出现困难，如果情况严重，可能会对他们的学习和睡眠产生影响，同时引发心理问题。

（四）学习环境和方法的变化

很多大学生在上高中时经常受到家长和老师的监督，他们的学习内容、目标及时间安排是由他人规定的。而一进入大学，学生就需要自主安排学习的时间和内容。面对这些变化，学生往往会感到沉重的压力，他们可能会感到迷茫，无法确定自己的学习方向和目标，因而引发一系列消极情绪，如不安、自责等。除此之外，还有很多大学生没有找到适合自己的学习方式，因而引发了心理问题。

（五）语言差异

大学校园通用普通话，但有些大学生过去习惯使用方言，这使他们在语言表达方面有些困难，甚至影响了正常的学习和交往。语言差异可能会导致大学生出现自我怀疑和自卑的心理，进而影响其心理健康。

（六）教育指导思想上的失误

我们一直侧重对思想政治素养的关注，而对心理素养的培养比较轻视；重视维护身体健康，而疏忽了心理健康方面。在基础教育方面，相关部门并未重视学生心理素质的培养和改善工作，导致学生缺乏相应的健康人格发展机制的帮助。这可能导致学生缺乏适应不同环境的能力，容易在面对新的环境时陷入心理困境。

第四节　现今大学生的心理健康问题与维护

一、大学生心理健康问题

随着社会经济的进步，越来越快节奏的生活使现代大学生不仅需要在学业上有所收获，还需要应对就业、恋爱、升学、留学等方面的巨大压力。现代大学生中的大部分都是独生子女，在成长过程中受到父母的溺爱，在某些方面表现出一定的心理问题。综合来看，主要集中在以下四个方面。

第一，缺乏关注他人的意识，难以体察别人的情绪。目前，很多大学生在社会竞争方面具备强烈的竞争意识，但是对于社会规范和规则的认同程度却不高。

现今的大学生大多是独生子女，其中的许多人在成长过程中缺乏年龄相近的同伴。由于父母的溺爱，他们鲜有机会去认知生活的复杂性并收获各种生活感悟。因此，他们的情感体验显得比较表面，通常只注重自我而缺少从他人角度去思考问题的能力。

第二，大学生的某些行为可能不符合社会惯例，不被社会接纳，并引发他们对社会的敌意。由于现代大学生接受传统文化方面的教育较少，他们的价值观念与当今社会存在不少冲突之处。当大学生遇到这种矛盾时，他们可能会认为自己的权利受到侵犯，这会导致他们产生逆反心理，进而影响他们的人际关系，导致关系紧张。

第三，过分渴望迅速达成目标并且常把自己和他人进行比较，缺乏毅力与决心。随着社会的变革和市场经济的兴起，社会经济利益正面临着新的调整和改变。尽管市场经济的发展为社会带来了积极的影响，但部分媒体的误导和宣传对社会产生了负面影响。在某些媒体夸张的“造星运动”的影响下，不少大学生抱有侥幸心理，渴望一夜成名。他们常常轻视成功者的努力历程，忽略成功人士在成功过程中技能的积累，进而忽视自身脚踏实地的重要性。这些大学生往往在学习中表现出浮躁心理。

第四，缺乏适应性，遇到挫折后容易沉浸于自己的世界。在进入大学新环境后，大学生开始自主生活，并面临学习、社交等方面的新挑战。这些新问题使一些学生出现了焦虑和自我贬低等负面情绪。他们学习效率低下，缺乏生活意识，情感自我压抑，一旦面临突发事件，可能会情绪失控，产生严重影响。

二、大学生心理健康的维护

作为大学教育工作者，应时刻重视大学生的心理健康问题，将助力其成长和维护身心健康纳入学校工作的重要任务。改善大学生的心理健康，可以从以下两个方面努力。

（一）大学生关注自身的心理健康

1. 培养和完善人格

大学生需要保持心理健康，其中人格的健全至关重要。为了实现人格的健全，大学生需要对事实进行客观评估，并采取正确的心态来处理自己和他人的问题；具备自我情绪管理能力，能够恰当地表达情感，自然地体验各种情绪，积极地适应社会环境和大学校园等方面的要求。

2. 坚持健康、文明的生活方式

生活方式是指人们在日常生活中习惯了的行为模式。大学生健康的生活方式包括以下五个方面。

第一，保持规律的生活节奏，每天遵循早睡早起的习惯，确保足够的睡眠时间；

第二，确保膳食摄取均衡，不能忽视早餐，保持合适的体重；

第三，爱护大脑，适当休息，避免过度使用脑力；

第四，健康休息，选择文明、高雅的娱乐手段；

第五，保持适度的体育锻炼，保持健康的生活习惯，避免吸烟和饮酒。

3. 阅读心理辅导书籍

大学生需要在文化素养、自我控制和独立思考方面提升个人能力，有效地解决自己面临的各种问题，为此可以积极地前往图书馆寻找有关心理咨询的书籍和资料，通过阅读找到有效的解决方法。

根据过往的调查，人们阅读人生哲理类书籍来缓解内心困扰时，多是面对就业问题、确定人生目标问题、失败问题和人际交往问题；阅读小说类书籍来缓解内心困扰时，多是面对孤独问题、恋爱问题、厌学问题、焦虑问题；阅读休闲读物类书籍来缓解内心困扰时，多是面对焦虑问题、孤独问题、失败问题、演讲恐惧问题；等等。这也从侧面说明了，读书可以对大学生的心理健康产生积极的影响。

4. 积极投身社会实践活动

大学生应该主动参加各种实践活动，如加入社团、参与兴趣小组、走出校门考察社会、完成毕业实践、参与勤工俭学项目等。这些活动可以使大学生增强自身的素质、掌握群体沟通技巧、领悟人际关系、体味友谊与沟通的乐趣、拓宽视野，同时也可以帮助他们寻找到更多的社会支持。当大学生遭遇挫折和压力时，他们可以从社会各个方面的广泛支持中寻求帮助，从而战胜困境。

5. 寻求心理咨询的帮助

一般情况下，当大学生遭遇强烈的心理压力或内部矛盾时，仅仅依靠自我调节往往难以得到有效的缓解。因此，接受心理咨询的帮助是必须且有益的。心理咨询师是训练有素的专业顾问，通过应用心理学的理论和技术与来访者进行沟通和交流，从而调整来访者的认知、情感、态度和行为，以达到促进其心理健康、人格发展和潜能发挥的效果。

大学生心理咨询旨在帮助大学生培养健康的心理素质，干涉其因心理问题引起的不良适应行为，从而预防心理疾病的发生，提高大学生的心理健康水平，促进其身心的发展与完善。

（二）大学心理健康教育体系的构建

观察全球范围内心理健康教育的现状，可以发现美国的许多大学都建有心理卫生和咨询机构，并且聘用了专业的师资团队。日本的许多大学都设有心理咨询中心，为学生和教职员工提供心理咨询、心理健康教育课程和讲座等服务。

在我国香港地区，多所高校都设有辅导中心，旨在提供纠正性服务。20 世纪 60 年代中期后，我国台湾地区的大学也逐渐建立了学生服务中心，以辅导和帮助学生。20 世纪 80 年代中期，我国的浙江大学首次开设了心理健康教育选修课；1985 年，我国成立了中国心理卫生协会。目前，我国的心理健康教育正在蓬勃发展之中，多个全国性的心理咨询学术组织相继成功创立，心理健康课程也已经在越来越多的大学普及。

通过在课堂上学习心理学，大学生可以更系统地认识自己，提高自我意识并提升自身心理素质；可以增强自控能力，管理自身的情绪；可以进行处理挫折和提升意志力的训练；可以培养并塑造优秀的个性；可以激发创造性思维能力；可以增强与人交际的能力；可以培养爱的能力；可以规划个人职业生涯方向；等等。这些方面包含大学生在心理咨询中提及较多的问题，也是大学生比较感兴趣的方面。尽管以前的课程中没有包含这些内容，但这些内容却是大学生应当了解并学习的。

另外，大学还可以借由其他途径建立完善的心理健康教育系统。目前，大学可以借助现有的资源进行以下方面的工作：定期举办心理咨询活动，为大学生提供针对个人或团体的心理咨询服务；随着科技的发展，大学可以采用网络化教育来提供心理辅导，这种方式可以突破时间和地点的限制，建立多层次的心理健康防护网络，通过整合大学生、辅导员、心理咨询中心和家庭等多方资源，协同推动大学生心理健康水平的提升。

第二章　大学生的情绪与培养

大学生正处于青年期，有着丰富的情绪体验，情绪的波动性大，爱憎分明。但也因为如此而容易陷入情绪困扰之中，产生消极的情绪。较为消极的情绪会对学生的学习和生活产生严重的负面影响。如果长时间保持这种情绪状态，还可能导致其出现情感障碍，进而对大学生的身体健康和心理健康构成威胁。为了有效维护大学生的心理健康状况，就需要深入了解大学生情绪发展的特性，并培养他们积极正面的情绪。

第一节　大学生情绪概述

在日常生活中，人们每时每刻都会产生情绪，这些情绪或许是欢欣鼓舞的，或许是焦虑不安的，或许是愤怒暴躁的，或许是轻松愉悦的，种种情绪，不一而足。

之所以会有这么多种类型的情绪出现，主要是因为生活总是在不断发生变化，最终使人的内心世界越来越错综复杂，进而基于人自身的心理变化的外在表现为情绪的变化。情绪能够真切地展现出个体的内心变化，所以说，它可以被视为一个人心理状况的“晴雨表”。

一、情绪概述

（一）情绪的含义

在日常生活中，每个人都可以感受到快乐和愤怒。然而，我们需要深入思考一个问题，情绪是什么？

现如今，大多数人认为情绪本质上就是一种基于个体的愿望和需求对日常生活作出反应的心理活动过程，它反映了人们对自身所接触到的客观事物的基本态度，以及接触过后的行为反应。对于个体来说，若自身所接触的客观事物能够在一定程度上与自身的期望和需求相吻合，它就能使人们产生积极、乐观、肯定的情绪反应；相反，若是自身所接触的客观事物与主体的期望和需求不一致，它就可能使人们产生消极或否定的情绪反应。

情绪本身具有多个维度的表现，对情绪的各个组成部分进行细致的分析，能够帮助人们更深入地认识情绪的本质。简单来说，情绪可以被视为一种主观的、生理的、目标明确的、社会性的现象。

我们需要先明确一点，即情绪实际上是一种主观的感受。情绪的存在，能够帮助我们通过较为独特的方式来感觉，如感到愤怒或感到快乐。并且，情绪本身也可以被看作一种对特定情境的生物响应，或是生理应答。

此外，情绪本身也有其特定目的。比如，对于人体来说，饥饿促使人们寻找补充身体机能的食物，而愤怒这种情绪的存在会驱使人们与敌人交战，恐惧这种情绪的存在则会驱使人们逃离潜在的危险。在人们的社交互动中，除了彼此之间进行口头交流，人们还会通过面部或身体的某些动作，向他人传达较为清晰的面部信号和身体信号，这有助于人们分享情绪性思想。

（二）基本情绪

在我国的传统医学体系中，通常情况下，情绪会因为其性质的差异而被分为七种类别，也就是我们常说的“七情”，分别是喜、怒、忧、思、悲、恐、惊。根据现代心理学的观点，人们通常拥有四种基础情绪，分别为喜、怒、哀、惧。

1. 喜

喜，也就是快乐、愉悦等情绪，它们的存在共同构成人类最基础和最原始的情绪。

所谓喜，其实是人们满足了自身的需求之后的情绪反应，轻松和愉快对人们的身体和心灵都是有好处的。一般而言，喜这种情绪可以有多重表现形式，如可以从得意转变为狂喜。不论是欢喜还是满意，这都是明确的快乐情绪的体现。

2. 怒

当人们的欲望和要求受到压制时，会产生愤怒的情绪。依据其强度的不同，可以将其分类为轻度不满、气恼、轻微愤怒、极度愤怒、暴怒等不同的状态。愤怒的程度越高，情绪爆发的可能性也就越大，从而使人越难保持理性。

3. 哀

哀被视为最令人不悦和最消极的情绪之一。无论是考试成绩不理想、比赛落后，还是与至关重要的人分离，都有可能引发人们的悲哀情绪。悲哀具有令人不悦的性质，它会促使人们积极选择合适的方式改变当前导致自己产生悲哀情绪的环境，以确保自己能够脱离当前痛苦的状态。

4. 惧

惧可以被解释为恐惧或者害怕。恐惧通常情况下会表现为一种试图逃离危险或规避危险的情绪状态。恐惧的种类较多，一般可以分为忧虑、惧怕、恐慌、恐怖等。对人们来说，恐惧的程度越高，其带来的负面影响也就越明显。

当人们认为某些特定的情境存在潜在的风险或威胁时，人内心的恐惧情绪便会产生，这些风险或威胁可能源于人的心理层面，也可能源于其生理层面。在恐惧出现之时，人们通常会作出退缩或逃避的行为，并伴有不寻常的情绪波动，如感到心慌或发出惊叫等。

（三）情绪的作用

心理学的研究结果指出，情绪在帮助人们更好地适应环境的过程中产生了一定的正面影响。比如，当人们与他人发生冲突时，他们的脸会变得通红，眉毛也会向下和向内蹙。因为这些面部表情蕴含着机能的意义，所以它们经受住了时间的考验，可以沿用至今。一般情况下，情绪产生的作用主要体现在以下两个方面。

1. 应对性作用

处理人们所遭遇的各种生活难题，是人类的基本生活职责。对于人类来说，情绪的存在可以为人们注入活力，并引导人们选择有助于向着更好方向发展的行为方式。比如，当孩子与父母失散时，其常常会号哭，并向周围的人寻求援助。这样的行为往往比其他方式更高效。

换句话说，情绪及其行为方式为人们提供了一种天然的行为策略，以便于人们更好地面对生活中的各种挑战和潜在风险。比如，恐惧的情绪会让人们的身体做好逃离的准备，这就是自身的情绪基于保护的目的所作出的反应；当人们面对敌人或者是自己心情不畅时，其常常会表现出愤怒的情绪，此时，这种情绪就会驱使身体做攻击的准备，这就是情绪本身基于破坏的目的所作出的反应；好奇这种情绪是通过人们的期待感而诞生的，这种情绪的存在促使人们更愿意观察这个世界，而这是情绪本身基于探索的目的所作出的反应。

面对生活中存在的任意一个关键的事件，人类都能够展现出一套与之相适应的情绪反应。所以说，情感的机能在于帮助个体对日常生活的基础任务进行恰当的回应。

2. 社会性作用

情绪本身所具备的社会机能是在人们的日常生活、学习和工作中与他人进行交流和互动的时候所发挥的作用。

（1）情绪表达促进同他人情感的交流

一般而言，我们认为情绪的表达也能够被看作一种可以进行有效信息传递的、高效的非言语沟通手段。对于婴儿来说，他们就能够通过情绪的表达来传达那些自己尚且难以通过语言进行传达的信息。比如，新生儿从出生那一刻起就能够通过自身的情绪表达，向外界传达自己的疼痛、喜悦、反感等信息；在婴儿成长发育至 2 个月的时候，他们就可以向外界展现出自己的悲伤和愤怒的情绪；当婴儿成长到 6 个月时，他们就可以向外界展现出恐惧的情绪。

众多研究均表明，在母亲与婴儿的关系中，双方的情绪表达能够在较大程度上有效增进他们之间的情感沟通。在人们互动交流的过程中，那些未经修饰的情绪表达容易被他人察觉，这有助于人们更好地与他人分享和交流情感。

（2）情绪表达可以调节与他人的交往

通过对大量的儿童进行研究之后，人们发现，一个人的面部表情在一定程度上有可能会对他人的反应产生影响，并进一步影响他们的选择性行为反应。例如，在营造的玩具被抢夺的冲突场景中，相较于那些没有任何情绪表达的儿童，那些流露出愤怒或悲伤情绪的儿童更有可能保留他们的玩具。

之所以出现这种情况，主要是因为这部分儿童通过自身情绪的表达，使抢夺其玩具的人能够了解到他们的愤怒与悲伤，并对抢夺者的下一步行动产生影响。如果玩具依旧被夺走，那么这些已经流露出愤怒情绪的儿童可能会采取攻击性的行为；而那些流露出悲伤情绪的儿童将会为此流下眼泪，通过向外界展示自己悲伤的情绪，使这些儿童的玩具有可能被送回，甚至因为这种情绪的流露，可能在一开始就可以避免玩具被抢夺者拿走。

在社会情境下的情绪传达，不仅包括信号的机能（如自己的感受），还涵盖了指向的机能。然而需要注意的一点是，有时候即使是带有“策略”的情绪表达，也有可能无法实现预先设定的“目标”。比如，抑郁症患者会向他人透露自己的情绪状况，并期望得到他人的支持与安慰。遗憾的是，这种带有抑郁情绪的表达往往会引发他人的负面情绪，从而导致他人选择拒绝为抑郁症患者提供情感上的帮助，而不是给予抑郁症患者期望中的支持和安慰。悲伤的情绪往往是负面的，由于这种情绪本身就是一种不愉快的情绪，所以人们常常会选择拒绝那些向外界传达悲伤情绪的人。因此，对于这部分人来说，虽然他们寄希望于通过向他人表达痛苦来寻求安慰，但往往事与愿违。

此外，现在人们的普遍观点是：当人们感到快乐时，他们会露出微笑；当人们感到悲伤时，他们会皱起眉头。然而，我们观察到，尽管人们常常露出微笑，但是这些人在露出微笑的那一刻并未表现出喜悦。他们微笑的目的是加强与他人之间的社交互动。

研究发现，当与一个不熟悉的人相遇并露出微笑时，与不展露微笑的情况相比，更有可能拉近双方的距离。当我们面对自己的失误或遇到尴尬情况时，多数时候我们微笑能够帮助我们表达歉意、缓解尴尬。微笑被视为一种较为常用的表达欢迎的方式。通过微笑，能够向外界默默地传达“我非常友善”和“我期望我们之间能够保持友好关系”的信息。

（四）情绪与心理健康

1. 不良情绪对心理健康的影响

中医学认为，怒伤肝、恐伤肾、喜伤心、忧伤肺、思伤脾。换句话说，所有的情绪都有一个“平衡点”，如果不对这些情绪加以节制，首先会表现为不健康、不成熟的心理状态，这些心理状态将会进一步引发心血管和内分泌等方面的生理功能失调，最终导致人类的身体和心理出现问题。

2. 良好情绪对心理健康的影响

当一个人的情绪处于愉悦和平衡的状态时，他的大脑会保持最佳的工作状态，保证身体内部的各个器官、系统能够协同工作，从而摄取食物、保证睡眠，进而有充沛的精力应对生活的挑战，最大化地利用身体的潜在能力，以期充分提高思维能力和工作的效率。

此外，积极的情绪状态也有助于维持身体的免疫系统与各类化学成分之间的平衡，进而提高人体对于各种疾病的免疫力。还需要注意的一点是，保持乐观和积极的情绪也能吸引更多人与自己交流，从而与不同的人构建健康的人际关系。

二、大学生情绪的主要特点

大学生受到社会地位、知识水平、社会文化及生理特点等方面的影响，他们的情绪状态呈现出一定的独特性。

（一）情绪的冲动性与复杂性

大学生的情感世界是丰富多彩又复杂多变的，他们的情绪反应迅速且激烈，喜、怒、哀、乐往往随时可能爆发，展现出充满活力和激情的特质。对于心理学家来说，在对这一类有着激情性特征的情绪进行阐述的时候，常常会使用“急风暴雨”这个词来做比喻。

在集体环境中，这种冲动的情绪经常以更为激烈的状态表现出来。大学生通常具有较高的群体认同感，他们喜欢模仿，容易受到暗示的影响，也常轻易被某种情境或气氛所感染，并受其鼓动，因此他们在集体环境当中也经常会做一些比单独一个人时更大胆的行为。这主要是因为，在群体当中，个人的力量可以得到一定程度上的强化。

值得注意的是，大学生的情绪之所以表现为过于强烈的冲动性，主要是受其生理因素和心理因素的影响。大学阶段的学生身体已经发育成熟，但此时，大学生的大脑皮层所发挥的调节作用暂时还不能完全适应这种变化。

大学生的心理成长速度相对较慢，其心理调控机制尚不健全，他们在面对外部变化时缺乏足够的适应性和处理技巧，同时也缺乏足够的对心理活动进行管理和调控的决心和能力。这些因素的存在，直接导致大学生的生理和心理发展不均衡，进而影响了他们的情绪表达，使其容易出现情绪冲动的情况。

（二）情绪的摇摆性与弥散性

大学生的情绪具有摇摆性，许多大学生难以将自身的情绪保持在一个平稳的状态，总是在两个截然相反的极端上来回跳跃，最终呈现为情绪波动较大的状态。

大学生的情绪表现出明显的弥散性。简单来说，就是一旦大学生产生某种情绪，这种情绪就有一定的机会从最初的存在对象当中解脱出来，并迅速传播。大学生会在不知不觉中将自己的情绪传递给外界，并将其转移到其他事物上，这也是极为特殊的情绪迁移性。正因为大学生对各种事物都具有浓厚的情感表现，这使他们在某些情况下难以维持一种客观、实事求是的态度。

（三）情绪的压抑性与高情感性

大学生在青春期时的情感是其一生中最为丰富和强烈的，与此同时，这一时期也是大学生最能够感受各种压力和矛盾的阶段，这种情况常常会引发大学生情绪的压抑。

许多大学生经常觉得自己的情感难以得到充分的表达和分享，他们并不能找到这种压抑的感觉来自何方，只能感到一种深深的不满、困扰、空虚和孤独。

（四）情绪的阶段性与层次性

在大学教育阶段，各个年级的培养目标和重点存在差异，因此教育方法和课程设计也各不相同。并且，不同的年级需要面对的问题、情感和情绪特性也有着显著的差异，还表现出明显的阶段性和层次性。

刚进入大学的学生首先需要面对的挑战就是如何适应新的环境、学习策略的转变及新的人际关系的展开等内容。在这一阶段，新生既有自豪感又有自卑感，这两种情感交织在一起，他们既感到轻松，又感到压抑，对未知事物的新鲜感与对过去的依恋交替出现，导致他们的情绪波动较大。

经过一段时间的适应，大学二年级和三年级的学生能够更好地融入校园生活，并保持相对稳定的情绪。即将毕业的学生在毕业论文和职业选择等方面都面临着巨大的挑战，他们此时又开始承受巨大的压力，情感上的波动也很大，而且经常表现出消极的情绪。对于即将毕业的学生来说，就算是相同年级的学生，因为社会、家庭和个人等方面的差异，他们自身的能力和心理素质也会有所不同，这也会导致他们展现出不同的情绪状态和表现层次。

（五）情绪的内隐性与外显性

许多大学生的情绪反应极为明显。例如，当他们在考试中获得第一名或在一场球赛中获胜时，他们的脸上立刻洋溢着喜悦。然而，在大学生的成长旅程中，他们会在学习、交友、恋爱和职业选择等方面遭遇各种实际问题，这些问题的影响往往并不明显，表现出较强的内隐性。

第二节　大学生常见的情绪困扰及成因

一、大学生常见的情绪困扰

大学生经常面临的情绪问题，也被称为情绪适应不良。经过细致研究之后，我们发现这些问题主要表现为情绪反应过度、情绪反应不足、负面情绪持续时间过长，以及无法控制自己的情绪状态等四个方面。

（一）情绪反应过度造成的情绪困扰

1. 愤怒

当人们遭遇挫败时，愤怒成为普遍的情绪反应，它代表了人类所具备的最为基础的一种消极情绪。然而，相当一部分大学生在表达或控制愤怒情绪方面表现不佳，这不仅妨碍了大学生的人际关系处理和问题解决的进程，更有可能导致严重的校园暴力事件的发生。当大学生因为无法控制愤怒情绪而产生各种实际的冲突问题时，其不但会对他人造成严重的影响，也会影响自己。

2. 焦虑过度

所谓焦虑情绪，更多是指个体的焦虑已经对其学习和日常生活产生了严重的负面影响。可以这么说，适当的焦虑对于激发个人的潜力是有好处的。如果一个人缺乏焦虑情绪或自身的焦虑程度不高，那么他可能难以集中注意力，其工作和学习的效率也会受到影响。因此，对于学生来说，不论是听课还是自习，都应该维持适当的焦虑状态。然而需要注意的是，过分的焦虑情绪常常会导致人们因为太过紧张而分散注意力，进而影响工作和学习的效率。

产生焦虑情绪的因素很多，包括情境性焦虑、情感性焦虑、神经性焦虑。其中，情境性焦虑通常是指因考试、学业压力等外部因素而产生的心理紧张所导致的焦虑情绪；情感性焦虑可以简单描述为对即将发生的事件的忧虑，以及对自身错误的自责，这些都可能导致焦虑情绪的产生；神经性焦虑是受心理因素和生理因素的影响，如情绪不稳定、失眠和心悸等，而产生的一种焦虑情绪。

3. 应激状态

应激状态描述的是在特定的环境刺激下，当事人所展现出的一种对环境变化的适应性反应。当人处于应激状态时，人们常常会同时出现各种负面的情绪反应。例如，在产生应激反应的过程中，人们也会出现恐惧、震惊和厌恶等情绪；当处于应激状态时，人们可能会体验到痛楚、敌意、恐惧等多种情绪。因此，应激状态其实也可以被视为一种负面的情绪状态。

（二）情绪反应不足造成的情绪困扰

1. 忧郁

忧郁是一种心情低落的状态，这种状态会表现为缺乏激情、焦虑不安、频繁叹息、言语减少及食欲下降等多种生理和心理反应。值得注意的是，大学生出现忧郁的情况相当常见。比如，部分学生难以应对学习过程中的各种压力与竞争，或者不喜欢自己的专业，那么就会有较大可能出现忧郁的情绪。

出现这种情绪状态的大学生，常常会表现为对日常生活与学习的兴趣减弱，难以感知生活与学习中的各种乐趣，也不再有足够的意愿与他人进行互动和交流。

若是忧郁情绪比较严重，那么还可能出现情绪低落、失眠等症状。需要特别强调的是，忧郁的情绪与抑郁症之间虽然存在一定的联系，但却有着本质上的差异：忧郁的情绪被视为一种负面的情绪问题，它只需要当事人在心理层面上进行调节即可；抑郁症则是一种精神健康问题，需要尽快前往医院接受治疗。

2. 冷漠

冷漠是一种对外情绪反应不够强烈的情况，具体是指对他人或某些事物表现出冷淡和不关心的消极态度。情绪冷漠的大学生在日常生活中往往表现出缺乏热情和兴趣的态度，对自己的学业表现为冷淡和消沉的态度，对身边的同学也并不热情，甚至对他人的感受漠不关心，对团体活动也敬而远之。

冷漠这种情绪属于一种面对环境和现实不自觉地选择回避的退缩型心理反应。它在本质上具有一定的心理防御特性，可能会使参与者变得消沉和自我封闭，甚至会对人的身心健康产生严重的负面影响。

（三）负面情绪持续时间过长造成的情绪困扰

之所以出现负面情绪持续时间过长的情况，其主要原因就是产生负面情绪的个体将基于偶发事件导致的这一情绪逐渐扩展到所有相似的情境中，从而导致了当事人在学习和人际交往中出现情绪障碍。例如，一个学生在课堂上回答老师的问题时，因为过于紧张，不慎说错了话，这导致班上其他同学的取笑，同时这个学生也因为自己的错误而受到老师的批评。从那时起，每当他听这位老师的课时，他都会出现严重紧张和焦虑情绪，这种情绪最终演变为深深的恐惧。在此之后，他在这位老师上课时，都会选择坐在教室的最后一排，尽管如此，他仍然担心老师会盯着他。随着时间的推移，他的恐惧感逐渐加强，甚至导致其不敢走进教室听课，最终发展为害怕所有上课的老师。

（四）无法控制自己的情绪状态造成的情绪困扰

通常情况下，大学生在日常生活中出现的情绪问题，更多的是因为其难以控制自己的情绪而感到情绪上的困扰和不适。例如，某个大学生在日常的学习过程中，经常因为脑海中出现一些没有实际意义的思绪而感到困扰，尽管这个大学生想要彻底抛却这些杂念，但是很多时候，存在于心中的杂念不但没有得到缓解，反而变得更为严重。这个大学生所面临的情绪问题，不管是否真心接受，也不管这些情绪是负面的还是正面的，都是不受个人意志影响的。所以说，在我们对自身产生的某种情绪表现出较为强烈的反感时，就代表着我们正在重点关注这一情绪，甚至我们也在对这一负面情绪进行强化。

心理学者丹尼尔·魏格纳曾经开展一项实验研究，主要就是将部分大学生作为实验参与者，并在实验开始之前对他们进行明确的规定：在实验进行的 5 分钟内，不允许任何人想象白熊。如果有人产生了这样的想法，这个人就必须按电铃。在实验的前 5 分钟，所有人都在不间断地按电铃。这主要是因为他们在心理活动中持续地关注并加强不被允许的概念。之所以出现这种情绪上的困扰，其影响因素是多方面的，主要包括过分追求完美、消极的心态、心理阴影、神经性焦虑等。

二、大学生情绪困扰产生的原因

大学生正在经历生理、心理和思想的转变，他们的情绪主要受到客观和主观两方面因素的影响。

（一）客观因素

1. 社会环境的影响

现阶段，社会正在经历剧烈的变革，人们生活的节奏日益加速，社会的竞争也变得更为激烈，各种不同的思潮混杂在一起。这种不断变化的社会环境对大学生的心理产生了深远的影响。

大学生正在通过多种方式了解新奇的知识。然而面对这些巨大的社会冲击，大学生由于社会经验不足，心理应对和承受能力相对较弱，直接导致他们的情绪和心理状态难以保持稳定。并且，大学生在明辨是非等方面能力并不强，这也直接导致他们对某些社会现象缺乏正确的认识，容易产生盲目乐观或悲观的情绪，从而容易导致其心理和行为的严重失衡，使大学生出现自卑、抑郁、焦虑等多种情绪问题。

2. 学校环境的影响

高校改革的持续推进和招生规模的逐渐扩大，直接导致大学教育体系经历了一系列的变革，包括交费制度、奖贷学金制度、学业淘汰机制及就业制度的持续更新和完善。

与此同时，为了更好地满足市场需求，提升学校的教育质量，并培养出优秀人才，大学对学生在学习和综合素质上的标准设定得更为严格，并为此制定了一套完整的评估准则。另外，由于当前教育体系中存在的多种问题，大学生在学习过程中常常需要应对各种各样的压力。这些都深深地影响着每一个大学生，对他们的心理造成严重冲击，也成为导致他们产生消极情绪的一个重要因素。

3. 家庭环境的影响

家庭不仅是社会的基本单位，而且也是培养人才的起点。学生的情绪和情感发展在较大程度上受到家庭环境的深刻影响，主要表现在以下三个方面：

首先是家庭的变化。现如今，随着社会转型和生活节奏的不断加速，家庭面临着巨大的挑战和冲击。由于家庭的经济条件、家庭成员之间的关系，以及单亲家庭等问题的增加，那些自尊心较强的大学生面临着更大的心理压力，这进一步影响了他们的情绪状态。

其次是家长对孩子的期望。目前，许多大学生都是独生子女，家长对子女的教育方式和态度，以及对他们的过高要求，都会增加学生的心理压力，可能导致学生产生强烈的焦虑和极度的不满情绪。

最后是学生的感受。有些大学生由于无法获得家庭环境的温暖，或者没有得到周围人对他们的关心和照顾，容易产生反感等负面情绪。

（二）主观因素

1. 适应能力不足

随着时间的推移，大学生的自主意识和参与意识都在不断增强，他们渴望他人尊重自己的决策，并希望在各种事务中展现自己的能力并表达自己的观点。

一方面，他们十分关注时事动态，并热衷于参与学校内外的各种活动，期待在多个领域都能获得成功；另一方面，许多学生都是家中唯一的孩子，他们的独立性并不强，却有着强烈的攀比心，对他人的依赖程度较深，与此同时，他们缺乏社交经验和独立生活的能力。

2. 认知偏差

在大学校园中，才华横溢的学生很多。然而，许多大学生对自己的认知往往不够客观和准确，常常过于高估或低估自己，不能正确地看待自己，也不能对自己进行准确的评价。

当他们遭遇挫败时，他们往往会深感失望，认为自己的梦想已经破灭。这可能会使他们心情沮丧，产生放弃的情绪或对他人产生敌意，这正是导致大学生情绪困扰的关键因素之一。

3. 人际关系不良

大学生对友情有着强烈的渴望，他们对人与人之间的关系抱有较高的期待，并在人际交往中展现出一定的理想主义倾向。当这些学生的期望落空时，他们可能会因为失望而在人际交往中表现出消极和冷漠的态度。甚至有些学生还有着封闭的心态，主要表现为内向、不擅长表达、害怕被人忽视等，他们可能会被孤立在学校的社交圈子之外，最终陷入自卑、孤独、紧张和焦虑的情绪中。

此外，当上述情绪问题出现的时候，人们往往找不到合适的方式来宣泄，需要明确的一点是，在此时如果不能得到及时的心理咨询和指导，可能会导致其出现精神健康的问题。

4. 恋爱的困惑

大学生渴望与异性建立联系，牢牢抓住每一个展示自己优势的机会，并积极地寻找爱情。然而，此时的大学生在心理层面上还未完全稳定，他们的情绪经常出现大幅度的波动，对于爱情的看法有时过于浪漫、脱离现实，且他们面对挫折的准备能力不足。当他们的理想情感与现实发生冲突、遭遇失恋等打击时，他们可能会感到难以承受，出现焦虑、失眠、不安等情绪。

5. 重大丧失

一般情况下，在大学阶段，重大丧失可能会直接导致大学生的情绪出现严重的问题，主要表现在以下四个方面。

第一，学业上的丧失，如在考试、过级和学业上的失败等；

第二，荣誉上的丧失，如参与竞选、加入党组织、评奖评优等方面的失败；

第三，情感上的丧失，如失恋或与亲密朋友的关系破裂等情况；

第四，家庭上的丧失，如在大学阶段，自己的亲人去世或家庭出现重大变故等情况。

以上问题都可能对大学生的情绪产生某种程度的影响，尤其是生活中的一些影响深远的负面情绪，如果不及时进行调整，容易导致大学生出现情绪上的问题。

6. 人格缺陷

人格缺陷涵盖了自卑、自负、敏感、懦弱、孤僻等方面。心理学领域的研究指出，有着人格缺陷的大学生遭遇的挫折和痛苦往往比其他人要多得多。

第三节 大学生良好情绪的培养

大学生要想持续地维持一个正向的情绪状态，就需要在日常生活、学习与工作中，合理控制自己的情绪，确保自己的情绪始终保持稳定、健康。

一、敏锐感知情绪

（一）了解自己的个性特征

一个人情绪的独特性表现，常常与其内在的气质和性格特点有着紧密的联系。所以说，深入了解自己的气质和性格对于准确把握和理解自己的情绪特性具有至关重要的作用。比如，我们能准确观察到每个人的情绪反应是存在一定的差异的。

有些人性格急躁，而有些人慢慢吞吞，有些人急急忙忙，还有一些人多愁善感，以上这些表现都与一个人的性格和心理特征紧密相连。

（二）了解自己的情绪年龄

一个人的情绪反应与其所处的情绪年龄段有着较强的联系，并且一个人的情绪发展水平可以通过其情绪年龄来加以判断。心理学的研究成果发现，不同年龄段的人们在情绪的多个层面上展现出各自独特的发展情况。若某人的情绪与他应当展现出的情绪无差别，这意味着他已经达到了特定的情绪年龄。

通常情况下，一个人的情绪年龄水平可以从两个方面进行反映：首先是其情绪反应是否与该年龄段的认知逻辑水平相匹配，其次是其表达和调整自己情绪的方式。例如，部分身为独生子女的大学生，因为父母长时间的溺爱，他们在情绪的自我管理上并没有达到实际年龄应有的水平。

（三）回顾自身成长经历和早期经验

人们的情绪常常与他们的成长轨迹和积累的经验有着密切的联系。根据心理学研究，当一个人在婴儿或幼儿时期没有得到足够的家庭呵护和父母关爱时，他可能会产生情绪上的创伤，甚至在未来的成长过程中持续受到不利的影响。

通常情况下，那些在幼年或成长过程中拥有相对平静和乐观生活环境的学生，相较于那些经历过失败和伤害的学生，在情绪层面上表现得更为稳定和积极。

（四）测试自己的情绪状态

除了上述情绪的自我认识，利用特定的心理测试也是一种了解自己情绪状况的重要方式。对于大学生来说，情绪状况记录法是一种较为简洁、实用的自我测试方法。

在进行记录的过程中，大学生可以对自己一个星期的情绪状况进行不同等级的评定，这些等级包含从很愉快到很不愉快等多个分类，之后还需要建立坐标系，并在其上对应位置标记自己的情绪状况，然后将它们相互连接，绘制出相应的曲线；经过一个星期的时间，大学生就可以通过该记录来感知这段时间的情绪状况，以判断是否存在明显的波动，仔细分析这些波动是否会对自己的日常生活产生不良影响，并深入思考是否有必要调整自己的情绪。

二、善于控制情绪

（一）克服冲动

为了克制自己的冲动情绪，可以应用以下三种策略：首先，延迟满足；其次，能够准确探明自己的情绪状态，简单来说，就是了解自己是在何种情绪状态下作出的选择和决策；最后，直接说出自己的准确感受，通过坦诚地表达自己的情绪来进一步减少自身冲动情绪。

（二）克服怒气

当面临有一定概率导致自身出现强烈情绪的情境时，我们可以采取以下方法，以便成功克服自己的愤怒情绪，这些方法包括：正确认识自己的愤怒情绪并寻找其来源，学习站在他人的角度思考问题，为怒意的产生提供一个合理的解释，以一种不伤害他人的方式来表达自己的不满，等等。

三、学会宣泄情绪

从精神分析理论的角度来看，为了维持心理稳定，个体的负面情绪需要被有效释放出来。

当人们的抑郁情绪无法得到有效的释放时，随着遭遇更多的挫败，消极情绪会在逐渐累积中超出人们的心理承受范围，最终导致其出现心理不平衡的问题。所以说，在自我心理调适的时候，精神宣泄疗法可以作为一种极重要的手段加以使用。

值得注意的是，这个方法实际上是通过人为地构建一个特定的环境，来表达和释放自己内心被压抑的情绪，并通过这种方式来实现内心的平衡。通常情况下，要实现情绪的宣泄主要包括两个方面的内容，分别为身体与心理。其中，身体压力的释放是相当普遍的，如剧烈的身体活动、大声哭泣或大笑，以及与朋友分享心事等。在心理层面上，情绪的宣泄是通过改变引发情绪的认知态度，并集合他人的讨论或自我反思来调整导致不良情绪产生的认知过程。

一般情况下，身体的释放相对简单，心理的释放则较难达到理想的效果。但是，身体的宣泄往往无法深入引发不良情绪的核心问题；而心理宣泄则更有可能彻底消除这些负面情绪，因此在未来能够有效减少类似的负面情绪的产生。

四、学习平衡情绪

通常情况下，可以将人们的心理按照两个层面进行划分，即情感层面和认知层面。若要解决情感层面的问题，就可以选择精神宣泄法，一旦解决了情感层面的问题，人们就会一步步恢复自身理智。

然而，在某些情况下，若是不彻底解决人认知层面的问题，那么其情感层面的问题也只能得到短暂解决，致使人们在未来再次面对这些问题时，可能会再次遭遇失败。所以说，要想实现情绪的平衡，最为关键的一点就是解决认知方面的难题。采用这种策略时，我们可以从以下五个方面加以考虑。

（一）避免期望值过高，苛求自己

在日常生活中，许多人因为对自己有着过高的期望和过于严格的要求而在难以如愿时感到挫败。为了有效规避这一问题，我们就需要学习以一种平和的心态来面对日常生活中的人际关系，有意识地为自己预留合理的处理空间，并将最终目标限定在自己的能力范围内，而不是盲目追求不切实际的目标，或是期望自己在每一件事上都超越他人。并且也需要注意，不应对任何人或事抱有过高的期望，以确保一旦计划的事情未能按照预先设定的方向进展，也不会有过于强烈的挫败感产生。

（二）学会妥协和放弃

在人的一生中，我们会产生数量众多、种类丰富的愿望和追求，但需要注意的是，因为现实生活中的各种主观因素和客观因素的制约，这些愿望和追求是无法全部实现的。

在这种情况下，我们需要学习放弃和妥协。如果不这样做，我们可能会被这些难以实现的愿望和追求所困扰，进而错失了感受生活中更多美好的机会。这就如同一个急于攀登高峰的登山者，只顾埋头登顶却没有静下心来细致观赏登山过程中遇到的美景。由此就导致登山者攀登山峰所获得的乐趣并不多，哪怕他最终登上了山巅，但当他思考自己这一路上的努力和收获时，他也会产生一种不平衡的负面情绪。

（三）学会自我安慰

自我安慰，也被称为合理化，是指当一个人在经历挫折之后，为了保护自己的自尊和减轻焦虑，他会找出各种借口为自己的失败辩护，以强化自己行为的合理性和最后结果的可接受性，从而有助于减轻自身的心理压力。

自我安慰有以下两个明确的表达形式。

（1）酸葡萄式

“酸葡萄”这个词是从寓言故事《狐狸与葡萄》中得来的。狐狸由于无法吃到自己心仪的葡萄，便宣称葡萄酸，根本无法食用。

通过这个寓言故事可知，人们会故意批评自己渴望但得不到的事物，以削弱其内在的意义和价值，从而实现心理平衡。

（2）甜柠檬式

甜柠檬式的自我安慰意味着，当人们知道自己的某一行为是不适当的，但又不愿意承认时，他们会找出各种理由来强化自身行为的合理性，从而获得自我安慰，减轻自身的心理压力。就像用钱购买了柠檬，虽然尝起来是酸的，但还需要找到方法来证明自己的做法是对的，因此不得不说，多加一些糖这个酸柠檬就会变甜。

采用合理化的辩解对于心灵的慰藉是有益的。在日常生活中，满足人们的所有需求是不可能的，而给予自我安慰可以帮助人们受挫的心灵找到一个平衡点。所以说，在特定的场合中，合理化的辩解也可以被视为一种自我心理保护的策略。

（四）运用理性情绪理论自我调节情绪

理性情绪理论，也被称为ABC理论，其提出者是美国的临床心理学家阿尔伯特·艾利斯（Albert Ellis）。

艾利斯持有这样的观点，在人们情绪的形成过程中，有三个核心要素：其一是引发情绪的具体事件，其二是人们对这些事件所持有的特定信仰、观点和解读，其三是由此触发的人们的情绪和行为反应。情绪的产生并不直接源于触发情绪的事件，而是基于人们对该事件的解读和评估。也就是说，情绪并不是由事件本身触发的，更多的是由人们对该事件的理解和认知触发的。

因此，改变人们的认知才是改变情绪的关键所在。

理性情绪理论的应用步骤如下。

①将引发不良情绪的事件和认识一一列出。

②找出引发不良情绪的非理性观念。非理性观念有如下三个主要特征。

一是绝对化。对什么事物都怀有认为必须或不会发生的信念，这种特征常常表现为日常生活中“应该”“必须”“一定”“绝对”等用语。

二是过分概括化，即以偏概全的思维方式。在这种非理性特征中，世界上的事物只有两类：要么正确，要么错误。

三是灾难化。常会表现为“一旦出现了……天就要塌了”“再没有比这更可怕的了”等。

③通过对非理性观念的认识和纠正，找出合理的观念。

④通过建立合理的信念，最后达到情绪感受的改变。

（五）放松训练——身体放松调节情绪的方法

放松训练，也被叫作松弛反应训练，在这种训练中，要想实现情绪的调节，就需要通过身体的主动放松来提高人们对情绪的控制能力。该方法的核心思想是：通过训练来放松身体产生的各种反应，如缓解肌肉的紧张感、降低呼吸的节奏和降低心跳速度等，从而有效地减轻焦虑。

以下是具体的操作步骤。

在一个较为安静的环境中，舒适地坐（或仰卧）在沙发上或躺在床上。

步骤一：让自己初步体验肌肉的紧张。操作要领如下。

①伸直并绷紧双臂，握拳。

②绷紧双臂肌肉，握紧双拳，用力，并保持数秒钟。

③放松双臂，松拳，放松休息数分钟。

步骤二：在上一步骤的基础上进一步绷紧肌肉。操作要领如下。

①伸直双臂，握拳。

②同时，伸直并绷紧双腿，双脚脚尖内勾，呈倒钩式。

③上述各部位肌肉同时用力，并保持数秒钟。

④放松上述各部位的肌肉，放松休息数分钟。

步骤三：在前两个步骤的基础上达到全身肌肉的紧张。操作要领如下。

①伸直双臂，握拳；同时，伸直并绷紧双腿，双脚脚尖内勾，呈倒钩式。

②紧皱前额部肌肉，眉头紧蹙，紧闭双眼，皱起鼻子和脸颊，咬紧牙关，紧收下颚，紧闭双唇，紧绷两腮；挺直脖子；胸部、腹部肌肉绷紧；躯干用力挺起。

③全身各部分用力绷紧，并保持数秒钟。

④放松上述各部位的肌肉，放松休息数分钟。

步骤四：在全身肌肉紧张的前提下，配合呼吸，加强对紧张的体验。操作要领如下。

①深吸一口气（用腹式呼吸），憋住气。

②伸直双臂，握拳，头向后仰；伸直并绷紧双腿，双脚脚尖内勾，呈倒钩式；同时，胸部、腹部肌肉绷紧。

③屏住呼吸，全身各部分用力绷紧并保持，直至身体和呼吸的最后极限。

④放松呼吸，并放松上述各部位的肌肉。

步骤五：紧接步骤四，指导语暗示全身的肌肉、呼吸乃至身心的放松。操作要领如下。

①肌肉放松指导语：头部肌肉放松，面部肌肉放松，脖子放松，双肩放松，双臂放松，双手放松，手指放松，胸部放松，腹部放松，双腿放松，双脚放松，脚趾放松。

②呼吸放松指导语：呼吸在放慢，变得越来越慢、越来越深、越来越沉。

③身心放松指导语：感到身体变得很沉、很重，全身感到越来越沉、越来越重；感到全身很累，很疲倦；好像有一种昏昏欲睡的感觉；自己什么都不去想，什么都不愿意想；感到心情很放松……

步骤六：让自己体验此时此地的放松感受。放松训练结束。

第三章 大学生心理健康教育与辅导体系构建

大学生心理健康教育与辅导体系构建是一个复杂的过程，它涉及五个方面。其一，需要有明确的目标和规划，以确保教育的有效性。其二，构建一套完善的教育课程，涵盖心理健康知识、情感管理、人际交往等方面的内容。其三，设立专业的心理咨询机构，提供心理咨询和服务。其四，要注重学生的参与和主动性的发挥，通过开展各种活动，提高学生的心理素质。其五，要定期进行评估和反馈，不断优化教育体系。本章对其构建过程进行了深入的分析。

第一节 组织大学生心理健康教育课程教学和活动

一、心理健康教育课程建设的理念

课程设计的核心理念是课程建设的关键，它将对实现教学目标、构建教学内容及选择教学方法等方面产生较大的影响。在设计大学生的心理健康教育课程时，应该遵循以下四个核心理念。

（一）心理健康教育课程建设的出发点、立足点是学生

大学生的心理健康教育课程主要集中在人的问题处理上，它始终认为，人是课程设计的核心，理论与知识都是为了更好地服务于人而存在的，不能忽视其重要性。

以人为重点的课程设计，其核心价值理念在于深入研究大学生的心理成长特性、大学生的心理发展需求及他们在心理成长过程中可能遇到的问题。

在选择课程内容时，应以学生为中心，选择与之相匹配的心理学知识、理论、方法和技术；教师需要探索学生真正喜欢和能够接受的教学方式，确保学生切实投入学习当中，从而真正做到热爱学习，并能够将所学应用于实践，从而促进他们人格的全面发展并更好地维护其心理健康。

（二）心理健康教育课程应关注学生身心成长

重视学生身心成长的积极作用是课程内容的核心。观察一个人的心理健康进程可以发现，心理健康存在三个层次的评判标准：第一种，底线标准，这意味着心理健康是非病状态；第二种，心理健康处于一个良好的适应状态；第三种，有较高的标准，指有责任感、成熟且积极的状态。

当前，心理健康的标准主要集中在第二种，也就是大多数人认为心理健康代表良好的适应状态。相比之下，第三种标准较少被人提及，主要是因为这一标准可能会导致学生误以为心理健康教育是为有心理问题或容易患上心理疾病的人提供的，甚至可能会因为这一认知而导致大多数学生不太愿意参与其中，最终导致心理健康教育的效果并不理想。在心理健康教育中，最为重要的就是引导人们去探寻人类的高尚品质和内在潜力，从而使人的生活更加幸福。

所以，教师需要对心理健康课程进行调整，使教育取向和教育内容更完善。传统的课程更多的是呈现问题、讨论危害和提出解决方法，是一种比较被动、消极的解决问题的方法。因此，应该转变方式，采用积极成长模式，让学生自主探究问题背后的价值，学会自我接纳，弘扬正能量，培养学生的综合素质，充分发掘学生的潜力，而不能只针对学生的问题进行纠正。观察人的心理成长过程可以发现，它是在不断地演变和发展的。学生在成长的旅程中可能会面临各种心理上的挑战，但他们同样拥有强大的心理潜质。

教师必须坚信，在落实心理素质教育之后，即便大学生的外部变化并不明显，但其内在“生态系统”必将发生积极的变化。并且，为了有效促进学生的心理成长，教师必须主动地为其提供积极的指导。与大学生当前的心理成长水平相比，教师的教学策略和标准应略高一点儿，使学生可以通过付出一定的努力而达成相应的目标，进而感受到成长的乐趣，持续挖掘他们的心理潜能。另外，相关教育内容还需要结合当前时代特色、学生接受水平、心理健康领域的最新知识等内容，使大学生在教师的积极引导之下，不但能够完整接受合理的心理健康理念，还能够从此走上自我实现的道路。

（三）心理健康教育课程应激发学生主动学习

对于大学生心理健康课程来说，本质的目的就是帮助学生更好地认识自己，使他们基于深刻的自我认知和自我建设而更深入且积极地投入日常生活与学习中，学习如何为自己负责，并独立作出选择和决策。对于学生来说，要完成这种转变，无论是依赖教师的授课，还是教师给予的外界指导和压迫都无济于事，只有通过从内部到外部的心理转变，大学生才能实现这一目标。

所以说，只有当教师深入关注并尊重学生的内心世界时，教师才能鼓励他们去探索并接纳真实的自我，使他们积极地塑造和完善自己的个性特点。要实现这一教学过程，关键在于激发学生的内在积极性与主动性，将他们从单纯的“被动学习”转变为“主动学习”，让他们从知识的被动接受者转变为学习中的主体，从被动接受式的学习转向探究式学习和发现式学习，从而激发他们的学习欲望，提高学习的兴趣，并让学生更加积极主动地参与教学活动。

心理健康教育课程的核心是关心学生的生命成长，这也意味着将心理健康教育的学习过程视为教师和学生生命旅程中的一个关键阶段。在关心生命的过程中，教师不仅要尊重每个学生，更要鼓励他们在课堂中发挥主动性，让他们在实际体验中获得深刻的理解和成长。

教师在教授心理调节的知识和技能时，也要培育学生健全的思维和人格，让他们深刻感受生命的真谛和生活的真正价值；课堂教学在教师的职业生涯中占据了关键的位置。在课堂中，学生之间的互动、教师与学生之间的交流、学生提出的问题及他们的反思，都可能为教师提供一个专业成长、情感提升和体验人生价值的宝贵机会。心理健康教育课程为课堂注入了生命活力，它为学生和教师提供了一个体验人生意义、感受个人成长和进行日常生活实践的关键平台，这对于教师和学生的个人成长都是至关重要的。

（四）心理健康教育课程应提倡回归现实生活

为了让学生在心理健康教育课程中实现更全面的心理发展、更高质量的生命体验与价值，教师必须将教学内容与日常生活紧密结合。在课堂上，应注重理论与实践相结合，并要求学生在学习结束后将所掌握的理论和方法应用到实际操作中，以便让学生更加适应生活和学习，并从中获得更多的幸福感。

如果心理健康素质教育课程要与日常生活紧密相连，那么它的教学内容和活动设计应以真实的生活环境为核心，通过对大学生在日常生活中可能遇到的各种问题，如适应性问题、人际关系问题、情绪管理问题等进行指导，帮助学生在日常生活中将他们掌握的心理调适技巧加以实践，从而更好地体验生活，提高他们的生活质量。

当心理健康教育课程与日常生活相结合时，教师就应该勇敢地面对学生在心理成长过程中遇到的焦点问题，对于学生提出的热门问题和敏感问题，教师要从关心和关爱的角度出发，引导学生开展相关讨论，使他们作出正确的选择。

1. 在课程的价值取向方面

心理健康教育的目标是培育出对生活充满热情、能够接纳自己、身心都处于和谐状态的个体，而非仅仅是从事心理学研究的学者。大学生的学习和生活与心理健康紧密相连，通过参与心理健康教育课程，大学生能够对自己的生活经验进行系统的整理、深入的反思和进一步的丰富，从而在课程生活与整体生活的交互中实现身心的健康发展。

2. 在课程的培养目标方面

心理健康教育课程的存在是为了促进大学阶段的学生掌握人与人之间，以及人与这个世界、社会之间和谐相处的心理。接受心理健康教育课程的学生，会逐渐养成积极的情感态度价值观，不仅能对他人的长处表达赞赏，也能妥善地处理好校园中的各种人际关系。

3. 在课程的教学内容方面

在课程的教学内容设计上，我们将大学生在日常生活中可能遭遇的心理问题和他们关心的焦点融入心理健康课堂中，这主要涉及如何适应大学生活、如何正确学习、情绪的管理、人际交往、两性关系等方面的内容。心理健康课程的内容不仅存在于教科书中，它还存在于更广泛的生活领域当中。

心理素质教育课程的目的是让大学生在面对生活中出现的各种问题时，学习掌握实用的心理调适方法，并在日常生活中加以实践，从而提升大学生的适应能力。

4. 在学习效果评估方面

在对大学生的学习效果进行评估时，教师应当从自我评价、教师评价及学生评价这三个维度进行深入的分析，不仅要对大学生掌握课堂上所教授的心理健康知识和心理调适技巧的具体情况进行评估，还要关注他们的知识获取和应用能力。

简单来说，就是关注大学生是否能够在日常生活中关心自己和他人的身心健康，并搜索相关知识、参与心理素质教育活动来提升自己的心理健康水平，以及在生活中积极应用所学知识。

此外，在进行课程评估时，除了要对大学生的心理素质教育课程的学习成果进行评价，还需密切关注大学生在整个学习过程中表现的学习积极性与学习态度。

二、心理健康教育课程开展的目标

（一）培养大学生良好的心理素质

大学生心理健康教育课程不能只教授心理学知识。大学生心理健康教育是一门课程，所以一定会涉及理论知识，但这并不是最主要的，其主要的目的是通过教授学生理论知识，促进学生心理健康发展，让学生有良好的心理素质。在现代社会中，良好的心理素质必不可少，能够促进学生的成长成才。

（二）增强大学生心理调节能力

大学阶段是人身心发展和健康成长的关键时期，学生在成长的过程中不仅要学会认识自我，正确与人沟通，还要学会面对生活和学习的压力，调节自身心理，为自己未来的职业和人生做规划，毕业时还会面临就业等问题，所以内心难免会产生困惑。

好的心理健康课程教学可以帮助学生更好地调节心理，促进学生心理健康状态的稳定和维护，让学生具备更好的适应能力，为将来的发展奠定基础，拥有更美好的人生。

（三）内化与应用相关理论知识

大学生心理健康教育课程最重要的目标是优化学生心理素质，教会学生正确调节心理的技术方法。学生不仅要学习有关心理学的理论知识，更要将知识转化为实践，体现在具体的行动上。

心理学相关理论知识不应该只是考试的工具。学生要真正理解并掌握这些理论知识，将理论和实践结合，学会在生活中灵活运用，才能让所学的理论知识真正促进自身心理健康长足发展。

三、心理健康教育课程教学的内容

（一）心理健康教育课程内容的选择原则

1. 选择学生已有相关感知或行为经验的素材

选择学生已有相关感知或行为经验的素材作为教学内容，有助于激发学生乐于参与、积极投入的动机。

2. 选择能够使学生领悟存在自身行为不当的素材

选择能够使学生领悟到自己以往的行为反应方式存在不当的素材作为教学内容，可以使学生愿意在教师的鼓励和指导下尝试探索新的方式解决问题。

3. 选择能够使学生自信增强的素材

选择能够使学生在作出尝试后获得能力更新与自信增强的素材作为教学内容，可以保证习得的新的行为反应方式能够成为学生自主应用的技能。

心理健康教育的课程内容选择的核心理念是基于学生的实际情况，根据他们的最近发展区来设计能让其体验到更多正向情感的课程，让学生在学习中体验到成就感和价值感，以此调动学生的参与度和积极性，发挥其潜能，培养其更新技能的自主性，实现心理素质的提升与人格的完善。

（二）心理健康教育课程内容构建

大学生的心理健康教育课程内容设计，主要围绕以下 3 个方面展开。

1. 以需求和应用为导引构建课堂内容

传统的学科课程主要是为了传递知识，并根据理论知识的固有逻辑来设计课程内容。而构建大学生的心理健康教育课程则是基于学生的心理成长需求和他们的实际应用经验进行的。课程内容涵盖的方面包括对大学生心理健康理论的全面概述、大学生自我意识的培育、大学生人际关系的培养、大学生情绪管理等。

在构建课堂内容时，教师应以需求和应用为导向。为了更好地服务于学生的成长，教师需要突破知识体系的固有逻辑和系统完整性，选择那些旨在促进学生全面发展并适合他们实际应用的心理学理论与方法。

2. 整合相关理论构建课堂内容

在进行大学生心理素质教育的课程设计时，教师应避免只选择一种心理学理论流派，而是应根据学生的具体需求对多种心理学理论进行整合。

在选择这些理论时，既要注重对经典理论的应用，同时也要积极吸纳该领域的前沿知识，确保学生能够持续地吸收新的知识和信息。此外，教师还要协助学生深入了解和认识自己的心理特质是如何形成和发展的；在制定课程内容时，教师不仅要融合心理学的相关理论，还要结合哲学、社会学、教育学等相关学科的知识，以拓宽学生的知识面。

3. 拓展实践资源构建课堂内容

大学生的心理健康教育课程强调理论与实践相结合，十分关注实现潜意识的意识化，希望拓宽自我认知的边界，并积极进行应对性行为的适应性优化。

为了确保心理健康教育的内容和目标能够具体化为可以培养的个体行为特点，并进一步内化，最终成为个体的心智化能力，教师就必须将各类教育形式进行互动与深度结合，使学生能够获得实际的体验，从而有效促进个体发展。

四、心理健康教育课程教学的方法

（一）多元互动式教学方法

多元互动式教学是充分思考“教”和“学”的关系，在建构主义和认知学习理论的基础上形成的一种新型教学方法，它是“教”与“学”的结合体。这种教学方式提出，在教学中“教”和“学”的主体相互交流，通过共同的探索和讨论，双方以平等的身份进行不同思维的交流，从而激发“教”与“学”双方的积极性，激发学生的创造力，并进一步提升教学成效。

1. 师生双方积极参与

在传统教学模式中，教师是主体，负责传道授业解惑，而学生只是被动地接受，等待被培养。但是在多元互动式教学中，学生的角色发生了变化，成为学习的主体，积极主动地学习，不再被动地接受知识，而是主动去探究和发现新知识，这种方法可以有效地增强学生的创新意识，激发他们创新的欲望，培养创新思维和创新能力。因此，在心理健康教育的教学活动中，师生双方都应作为有意识的、能动的信息交换者与传递者，都应以积极主动的姿态去参与活动，感受体验，获得提升。

2. 师生双方共同参与

与传统静态教学模式相比，多元互动式教学更注重“动态”的学习体验，这种教学方式要求教师和学生合作进行实践活动。通过这些活动，学生可以更好地学习理论知识，并加以应用，最终增强自身的理论与实践结合能力。

对于教师来说，要想实施合格的“动态”教学，就需要预设多样化的教学情境，并据此组织各种教学活动，通过多样化的教学手段，充分融合教师所讲授的知识，实现教学内容与实践活动的结合，促使学生理论与实践结合能力的增强。

3. 师生双方采取多种互动方式

（1）课前情感分享

课前的情感分享环节是在正式课程开始之前进行的。在这一阶段，学生可以分享自己生活中的各种感受，可以是正向内容，也可以是压力感受。这样能促进不同学生的情感交流，加深认识和理解。并且，在情感分享的过程中，学生还能从他人的分享中汲取经验，完善自己，实现个人成长。

（2）专题短讲

专题短讲的目的是帮助学生将所学知识与日常生活经验结合，分享他们的见解、应对策略。

（3）课堂讨论

讨论形式多样，可以要求座位相邻的 2～3 人进行讨论。这种方法更方便，具有较强的互动性，学生有着更强的参与性。也可以将 8～10 人设为一个小组，教师可以根据教学内容设置问题。小组开始讨论，鼓励组内成员自由表达自己的观点，这样可以让他们在深入的讨论中对某些理论内容有更深的认识，或者找到多种解决问题的方法，使其思维的深度和广度得到拓展，提高他们的适应能力。

（4）全班讨论

全班讨论就是要求各小组选出代表，阐述本组讨论的成果，从而实现班级各组间的交流与互动。除此之外，教师也能向班级内所有学生提出问题，那些思考敏捷的学生会积极地分享他们的观点，并引领大家进行学习。不管是哪一种讨论方式，教师都可以在适当的时机参与其中，通过教师与学生的互动，积极引导学生进行思考。

（5）热点辩论

教师寻找与大学生在心理成长过程中的困惑有着不同观点的热点问题，要求大学生基于此进行辩论，这就是热点辩论。大学生在辩论开始前会查阅相关资料，在辩论中阐述自己的观点，深化对相关理论的认识，并寻找解决问题的方案。

（6）操作训练

安排大学生实践操作，使他们能够在真实的体验中更好地评价自己的操作技巧和应用能力。

（二）动态生成式教学方法

动态生成式教学就是要求教师在教学过程中针对学生的具体情况，及时变更教学内容与教学方式，促使学生取得真正的进步和成长。教学过程应被视为一个师生共同参与、沟通和合作的过程。在这个过程中，师生之间的互动和影响是动态生成的，最终形成教学内容并达成教学目标。

心理健康教育的课程理念高度重视课程内容的动态生成特性，它会依据大学生在现实生活中遇到的各种问题设计相应的教学内容，并在教师和学生之间的互动交流中促进大学生心理健康意识的增强。

（三）学生实践式教学方法

行动学习的核心目标是提高学生在实际行动中处理问题的能力。大学生的心理健康课程是一门应用性较强的课程，它十分重视培养学生解决心理问题的能力，以及将理论与实际有机结合的能力。

为了引导学生进行实际行动，教师可以在课堂上或课后让他们深入思考和提出自己或整个大学生群体所面临的心理难题。接着，让学生组成小组来探讨可能的解决策略，并按照这个策略进行实践。在实践之后，学生可以对自己和小组的实践结果进行总结和反思，并向他人分享自己的反思成果。这样的教学方法不仅能让学生在学习过程中应用所学知识，还能在实际应用中总结实践经验。

除此之外，教师还可以引导学生参加各项与心理素质教育相关的活动，使其沟通能力、人际交往能力、情绪控制能力等都可以在这期间得到培养。

五、心理健康教育活动设计原则

（一）活动设计主体性原则

1. 活动内容设计贴近大学生需求

活动的内容应当与学生的具体心理发展情况相匹配。教师必须基于学生目前的身心成长状况开展提高大学生心理素质的工作。此外，不同的学生对客观世界的认知模式和对主观世界的理解方式都存在差异，这主要是因为其成长环境、思维模式、成长习惯等方面有所不同。所以说，对于大学生心理健康教育活动的开展，应该有针对性地进行。

2. 充分调动大学生积极参与活动

教师应该最大限度地激发学生参与活动的热情、主动性和创新精神，确保每个学生都能积极地参与其中。在此期间，教师只能作为指导者。对于教师来说，需要重点关注可能出现的两种情况：其一，过分插手，严重削弱学生在活动中的自主性；其二，不做任何干涉，这种任由学生发展的态度是不可取的。

作为教师，不仅需要确保学生在教学活动中占据主体地位，同时也不能忽视自身在这一过程中发挥的主导作用。

3. 充分体现学生自主性

在心理健康教育活动中，大学生的自主性主要体现在两个方面。

（1）活动方式选择的自主性

教师应该鼓励学生根据自身的经验和兴趣选择在他们看来合适的活动形式。比如，既可以在积极主动的参与中获得成功的经验，也可以在与他人的协同配合中激发自身兴趣，了解探索的重要性，还可以在被动的参与过程中体验到某种情感。教师只需要保证每个学生都能自主地参与其中即可。

（2）活动过程中主体的自主性

心理健康教育活动是自下而上的活动，因此教师应该将自上而下的指令进行调整，以确保能够在与学生平等参与的过程中将这些指令加以渗透。

对于学生来说，教师与其平等相处，能够减轻其压力，使其能够在活动中充分发挥自身潜能。

（二）活动设计开放性原则

1. 形式上的开放性

（1）在校内开放

班级集体活动可以面向同年级的其他班级开放，也可以面向其他年级开放，借此不但能够促进不同班级间的交流，也能够进一步强化该活动的最终效果。

（2）向家庭开放

在班级集体活动中，可以允许学生父母一同参与。若是家长觉得自身不方便参与这些活动，也可以邀请家长提出合理的建议，帮助学生更好地组织活动。由此，家长也能够更加深入地了解心理健康教育。

（3）向社会开放

学校与社会结合，不仅能激发学生对活动的热情，还能帮助他们正确地了解社会。所以说，在策划与社会各方合作的活动时，教师可以考虑邀请杰出人物到学校或班级进行演讲或座谈，也可以组织学生进行外出调研、游览或提供各种社会服务等。

2. 内容上的开放性

（1）从平凡的生活中挖掘活动素材

身为活动的策划者，教师应当拥有敏锐的洞察力，对日常生活中的细微之处进行深入挖掘，并巧妙地设计出合适的活动方案。例如，组织“寻找最美的笑容”摄影活动，该活动旨在通过收集与笑容相关的照片这一方式，帮助学生积极探索生活的美好之处。

（2）从周围的环境中寻找活动素材

不同学生居住的社区都有不同的自然景观、人文风情和丰富的历史，其中有宝贵的教育资源，教师应根据实际情况、目标明确地进行探索，为学生确定合适的教育活动内容。

（三）活动设计有效性原则

为了确保活动的有效性，在策划心理健康教育活动的过程中，教师不仅需要根据学生的具体情况设计相应的活动，还需要确保设计的活动具有一定的操作性，同时确保活动的规模、节奏和主题都是合适的。

六、心理健康教育活动类型

（一）依据活动人群范围划分

1. 个人层面开展活动

在个人层面开展的心理健康教育活动主要是面向个体开展的，注重个体在活动中的体验和参与，如心理专题讲座、心理咨询、个性测验、心理状态测评、心理电影赏析、心理读书会等活动，旨在增强个体的心理健康意识，促进个体对自我的认识、理解与接纳，提升心理适应能力。

2. 宿舍层面开展活动

宿舍是大学生学习、生活、休息、社交的重要场所。大学宿舍内成员间的人际关系将直接影响大学生的身心状态与健康成长。

以宿舍为单位开展心理健康教育活动对大学生的心理健康、人际互动、个性塑造具有直接作用。它不仅可以减少宿舍成员之间的矛盾和冲突，促进宿舍成员对彼此的理解和接纳，而且可以营造温馨和睦的宿舍氛围，增强归属感，从而促进个体情绪管理能力、人际交往能力等心理素质的提升。在宿舍层面开展的心理健康教育活动主要有幸福宿舍评比、宿舍团体活动、宿舍心理微电影等。

3. 班级层面开展活动

大学中的班级是大学生活的基本单位，是大学生共同学习、共同生活的基础，也是学校、学院开展工作的重点。在班级中开展心理健康教育活动，可以促进班级凝聚力的提升，增强学生的归属感，促进个体与团体关系处理能力、自我价值塑造能力等心理素质的提升。在班级层面开展的心理健康教育活动主要有心理主题班会、班级心理健康知识竞赛、心灵信箱朋辈互助、心灵读书会、活力拓展、优秀班级活动评选等。

（二）依据活动形式划分

1. 心理素质拓展训练

心理素质拓展训练是一种体验式学习方式，它融合了教育学、心理学、竞技科学等不同学科的成果，根据社会的需求和学生身心发展的特点而形成。其目的是让学生在模拟的场景中，亲身体验各种活动项目，通过完成任务，激发个人潜能，学习团结合作，并通过总结、反思、与同伴交流，深入探索和理解自我，以及通过自我和团队合作的方式，再将活动中的体验和认知运用到生活中。

借助于模拟场景和专业的设备设施，由专业教员带领，运用体验—适应—控制—学习的模型，学生在预先设定的活动项目中应对困难、解决问题、激发潜能、战胜挑战，从而使个人心理素质和心理品质得到拓展与提升，团体的战斗力、凝聚力得到升华。在拓展训练的过程中，并不是训练某种技巧或学习某种知识，而是创设某个情境让学生参与其中，去体验相互信任、相互支持，从而学会合作共赢、承担责任，去感受自我、接纳自我，从而提升自信、增进自主，并在参与的过程中反思领悟，获得认知提升。

2. 心理讲座

心理讲座是大学中最常用、最普遍的心理健康教育活动之一。心理讲座一般是由教师调查学生的需求，根据学生的需要，邀请校内外专家就学生关注的主题，讲解相关的心理健康知识，对学生的心理发展进行指导。心理讲座可以以大学生的自信心锻造、大学生的人际沟通与人际交往、大学生的情绪管理、大学生的恋爱心理等发展性心理辅导内容为讲座专题；也可以以心理危机的识别与处置、心理应激与心理压力的管理与控制、心理障碍的预防与问题解决等治疗性心理辅导内容为讲座专题。

许多大学都会开展“心理大讲堂”活动，定期举办专家讲座，主讲人以研究者的眼光审视和分析学生生活实践中可能遇到的各种心理问题，以专业化的教育教学形式，为学生提供一种发现、思考及解决自身问题、增强心理素质的思维方式及实际操作技能，升华学生认知，使学生树立正确的世界观、人生观、价值观。

3. 心理健康知识竞赛

心理健康知识竞赛是普及心理健康知识的一项竞技活动。这项活动的重点并不在于比赛本身，而在于学生在准备比赛的过程中学习心理健康知识。赛前，教师把学生应知应会的心理健康知识编制成册，提供给学生学习。内容既可以包含常用的心理调节方法、常见的心理疾病、心理危机的识别与预防、心理危机干预程序等大学生应知应会的心理健康常识，又可以包含一些宣传学校心理机构的题目，如学校心理健康教育中心的功能、心理咨询的性质及作用、学校心理咨询室所在的位置及预约流程电话等，通过竞赛活动的形式让学生知晓这些信息，学会主动运用学校的资源帮助自己或同学实现心理成长。

在知识梳理的基础上，学生充分学习、做好赛前准备，教师编制题目、做好赛前辅导。再通过举行初赛、复赛和决赛这样一个层层比拼的过程，深入学习并强化学生对心理健康知识的理解与掌握。在竞赛过程中，还可以在知识识记题以外增加理解应用题，理解应用题可以设置为让学生运用心理学的理论与方法解决大学生常见的心理问题等相关题目。这样，既增强了学生对知识的学习，又促进了学生对方法的掌握，让他们真正学会运用心理调节的技术、方法帮助自己和他人维护心理健康。

心理健康知识竞赛作为一项集学习、竞技、趣味于一体的普及心理健康知识的活动，有助于系统地提高大学生对心理健康知识的掌握水平，其形式也深受大学生的喜爱，是各高校大学生心理健康教育的一项传统活动。

4. 心理情景剧

心理情景剧是广受大学生欢迎的一种新型的心理健康教育活动。学生在教师的指导下，运用心理情景剧的基本原理和方法，将自己在学习、生活中遇到的一些心理冲突及其解决方案，自编、自导、自演成为情景剧，再现校园生活中类似的情境和经历。

在校园心理情景剧的编剧过程中，参与者通过创设具体情境，去模拟体验各个角色的感受，相互交流、相互分享，尝试不同的解决办法，形成剧本，创作的过程就是受教育的过程；在排演过程中，学生不断地觉察并调整个人与他人的关系，相互合作、相互磨合，增进彼此的了解，改善相互的交往；在舞台上的投入表演，给了他们自我展示和发挥表演才能的机会，提升了自信，宣扬了个性。许多大学都会举办心理情景剧比赛，各个班级将班级建设和心理情景剧的编排、演出结合在一起，调动了全班学生的积极性，增进了学生间的相互了解，增强了班级的凝聚力。

大学在运用心理情景剧进行心理健康教育的过程中，要注意正确处理教育性和艺术性的关系。与专业的演出相比，大学生的心理情景剧更注重内容的教育性，注重反映大学生常见的心理冲突的心态及解决办法，而非表演技巧本身。当然，教师对学生进行表演技巧指导，提高表演能力，能够更好地表现内容，会收到更好的观演效果和教育效果，但从心理健康教育活动的目的来看，教育内容是首要的，表演技巧是次要的。

5. 团体辅导活动

团体辅导活动以活动作为载体，让学生在参与活动的过程中获得体验与感悟。活动本身的趣味性、新鲜感能够吸引学生，激发他们的兴趣与参与的积极性。在参与活动的过程中，学生远离了成人式的逻辑思维形式，减少了他们对学校和家长“要教育我”的抵触情绪，也降低了在常规的学习教育中过于严肃刻板产生的压力，凭直觉去行动，更自然地展现自己的特长、发挥自己的能力，从而认识到自己内心真实的需要，对自己产生更深入的了解和理解。

团体辅导活动以团体互动为基本形式，在安全、接纳、包容的氛围中，可以促进成员间真诚的沟通，建立成员间信任、友爱、互助的关系，让个体在团体中被认同、被尊重、被爱，从而有了对他人进行观察和了解的意愿，学习他人的积极品质、进行自我完善、协调相互间关系的意识在辅导的过程中自然发生，并迁移到自己的生活中去。

值得注意的是，组织实施团体辅导活动不是做游戏，不能仅用活动来使学生放松和快乐。如果团体带领者机械、不加区别地组织和实施活动，活动就成了玩游戏，只有一时的热闹，而没有心灵的成长。因此，作为团体辅导活动带领者的教师起着至关重要的作用，需要具备团体辅导的专业技能，以学生在成长中的需求为主线，有目的、有计划地选择、设计、构建服务于教育目的的活动内容，在活动的过程中营造一种专门的环境条件和团体氛围，通过专业化活动设计实现心理辅导的目标，以此带来良好的心理影响。

（三）依据教育途径划分

依据教育途径来划分，心理健康教育活动可分为线下的宣传教育和线上的宣传教育。这些宣传教育形式一般都可以由学生主办，内容编写由学生负责，涵盖心理健康知识、心理调节方法、学校心理健康教育中心组织的各类活动宣传，内容贴近大学生的心理需求，编写的形式图文并茂，展出的方式轻松活泼，容易被大学生接受与认可。

线上宣传教育形式包括学校或大学生心理社团建立的心理健康教育网站、心理微博、微信平台上的心理驿站等，通过这些网络媒体宣传心理健康知识，搭建学生间的心理沟通平台，疏导情绪，缓解压力，创建校园内良好的心理文化氛围。随着现代网络技术的发展，网络的快捷性和高效性使线上宣传教育形式被大学生广泛使用并喜爱，运用网络途径进行心理宣传教育越来越成为大学普遍采用的教育形式。

七、心理健康教育活动实施的注意事项

大学中以学生为主体开展的心理健康教育活动既可以激发学生的创作热情，体现学生的主动意识，还可以弥补课程教学过于严肃的说教或居高临下的训导给学生带来压力的不足。灵活且形式多样的活动为心理健康教育教学提供了更宽阔的舞台，深受学生的认可和欢迎。为了提高以学生为主体的心理健康教育活动的实施效果，提高活动质量、保证教育教学效果，结合实践经验，作为幕后助力的教师应该注意以下四个方面。

（一）把握实施时机

对学校心理健康教育活动开展而言，有一个捕捉时机的问题。实践表明，在最佳的时机开展活动，可以使学生在活动中保持饱满的情绪、浓厚的兴趣和高度集中的注意力。因此，当时机未到时，要善于等待；当时机出现时，要及时捕捉；面对错过的时机，要善于迂回。只有这样，心理健康教育活动才能在质上得到保证。所谓把握时机，主要体现在以下 4 个方面。

1. 新的生活开始时

大学生还处于易受环境影响的人生阶段，感知易受外界事物的暗示。当新事物、新景象或新生活开始时，作为一种强烈的刺激，其会使他们产生好奇心和求知欲。

利用这一特点，当新学期开始，学生与新教师、新同学接触交往时，或新的景象涌现时，教师都可适机开展心理健康教育活动，帮助学生适应新生活、增强自信心。

2. 享受成功的喜悦时

当学生经过不懈地努力取得成功时，心情格外激动，自信心也增强。如能因势利导在这一时机开展恰当的心理健康教育活动，让学生在享受成功的快乐时以更饱满的热情生成更高的奋斗目标，可引导他们为取得更大的成绩而继续进取。

3. 遭遇困难和失败时

人在遭遇困难和失败时最需要别人的理解和支持。抓住这一时机开展心理健康教育活动，教育学生正确地面对困难和失败，帮助他们重拾信心，鼓励他们以实际行动去战胜困难，必将有助于他们战胜挫折、走向成功。

4. 产生浓厚的兴趣时

当学生对某种事物或某项活动产生兴趣时，其会产生一种积极探求的内驱力，主动、自觉地投入其中，直至取得成功。所以，当学生产生浓厚兴趣时，教师要抓住机遇，及时组织活动，使学生能长久地保持兴趣，并使学生的兴趣循着有趣—乐趣—志趣的轨道发展。

（二）精心做好准备

心理健康教育活动的开展应有完备的设计方案；除此之外，还应做好活动开展前的准备工作。准备得越充分、越细致，就越能取得预期的效果。准备工作包括以下两个方面。

1. 心理准备

心理健康教育活动的开展和活动效果的保障，有赖于学生是否投入参与。参与的辐射面越广，投入的程度越深，活动的效果越理想。因此，教师应对学生做好宣教，提高学生的好奇心和积极性，激发其参与意识。教师可以引导学生参与活动准备工作，在指导的过程中留心观察，仔细分析，把握每个学生对活动所持的态度，有针对性地激发那些持消极观望态度或有不满情绪学生的参与意识。例如，让他们参与、设想、评价某些准备工作等，让学生在被重视、被需要的过程中增强参与意识，使学生体验到其所承担的工作的重要性。

2. 物质准备

心理健康教育活动的开展通常需要涉及器材等多项资源的筹备。教师在设计方案时就需对活动所需的物质条件作出周密考虑，待到活动开展前可以交由学生去具体落实。这样，一方面可以体现学生的能动性，提高学生的参与度；另一方面也可以使教师得到有力帮助，减轻筹备压力。学生完成准备工作后，再由教师按其重要程度和困难程度逐一检查落实，如活动的具体地点、活动的环境布置、活动所需的设备、活动所需的耗材等，都需要精心部署、逐一到位。

可见，在活动准备阶段，教师应善于把心理健康教育活动开展的目的和相关要求，转化为学生对参与活动的期待和自我教育的愿望与要求。教师要通过启发、引导，充分调动和发挥每一个学生投身于准备工作的主动性与积极性。这不仅可以激发学生对活动的期待，还可以使保障活动顺利开展并达成教育教学目标必要的且完备的心理准备和物质准备。

（三）实施具体活动

教师在具体进行活动时应注意以下 5 个方面。

1. 检查准备工作

检查准备工作的目的是发现有不当之处、不足之处时能及时弥补。如果在检查中发现不当之处、不足之处，教师不应责怪学生，而应尽量帮助和鼓励学生克服困难，在活动前保障好各项准备工作落实到位。

2. 辅导学生主持活动

在以学生为主体开展的心理健康教育活动之前，教师要帮助活动主持人进行认真细致的准备，帮助主持人熟悉活动的流程、理解活动的目的、预判活动进展中的多种可能性并学会随机应变。在活动过程中，教师可以通过对活动主持人进行点拨、提示、鼓励，使活动主持人更有信心、有能力进行活动带领。

3. 观察活动现场

教师要自始至终亲临活动现场，不能以任何理由缺席。教师亲自参与活动，表明了对活动的重视，对学生来说也是一种鼓舞。当然，教师只能以普通参与者身份出现，不能干预主持人的工作，不能随意改变和影响活动的主题和进程，不能插话和打断学生的讨论与发言，更不能在活动中途发表评论。

教师如要发言，必须得到主持人准许；如发现活动偏离主题，只能通过主持人以建议的方式加以引导。总而言之，教师在以学生为主体开展的活动中应以观察者或参与者的身份出现，谨言慎行，以免对学生造成不良影响，干扰活动的正常进行。

4. 慎重处理突发事件

在以学生为主体的心理健康教育活动开展过程中，尽管事前考虑周密、准备充分，但临场的突发情况仍会时有发生。若活动现场发生了诸如材料不足、指令出错、环节遗漏或遭遇参与学生的不配合等意外情况，教师应处变不惊、随机应变。这既能显示教师的辅助控场能力，也是对学生进行的现场心理教育。

教师可以通过坦承疏漏之处或陈述自我体验的方式，引导学生对活动开展持有正确的态度。而对意外事件进行处理、应对的宗旨是保障活动可以继续进行，保证教育目的可以顺利实现，确保学生的自尊心、自信心可以得到保护。

5. 坚持全程有效指导

在活动进行的过程中，教师在指导活动方面要做到以下四点。

第一，充分发挥学生的积极性和创造性，尤其是作为活动组织者的学生、学生干部和骨干分子，教师应退居二线，把学生推到主人翁的位置，自己筹划、自己主持，教师只从旁参谋、辅导，帮助他们取得成功。

第二，教师要注意协助学生灵活、机动、科学地安排活动内容，把握活动进程，要充分尊重每个学生的个性，力争使学生在活动的过程中人人有岗位、个个有任务，人人有角色、个个有贡献。

第三，教师要充分发挥自身在协助位置上的引导作用，作为活动参与者结合自己的感受和体验表达自己的所思所想，引导学生紧紧围绕活动主题开展活动。

第四，要仔细观察和记录活动的过程，在活动中增进对每个学生的情绪、意志、兴趣爱好、性格等心理特点的了解和理解，以便发现教育的契机。

（四）进行活动总结

总结是在对活动的全过程进行认真回顾的基础上，肯定成功方面，找出问题和不足，吸取经验教训，找出规律性认识，以明确今后努力的方向。教师在进行活动总结时应做到以下两点。

1. 明确目的，端正态度

总结的目的是将来更好、更有效地组织活动，更好地教育学生、服务学生，因此总结时应坚持实事求是、认真负责的态度，在客观、实际的基础上找到规律性的认识。

2. 语言准确、行文简明

总结以书面形式呈现，要求结构严密，层次清楚，例证确凿，行文简明，语言准确。在总结中应简要叙述活动的基本情况，做到重点突出，有数据、有图文，言简意赅；总结中应具体呈现经验体会，阐明得到的收获和存在的问题，做到深刻感悟，实事求是。

活动总结除上述书面总结外，还包括：座谈的形式，即以小组为单位或全体座谈，让学生谈谈自己的收获和体会，也可以对活动各方面进行评述；展板的形式，即把活动中学生的心得、体会、感受等形成文字，办成板报或报刊；实践汇报的形式，即引导学生将学到的新的经验技能加以训练和实践，结合自身情况提出可改善的行为方式、行动计划，实现学以致用。

第二节　构建大学生心理危机干预模式

大学生心理危机，是指学生由于遭受突发的负性生活事件或精神压力，运用现有的资源和既有的经验难以克服和应对，致使当事学生处于痛苦不安的状态，常伴有焦虑、绝望、麻木、紊乱症状，甚至出现过激行为和危险行为。

心理危机是因为个体感知到某一事件超过了自己的应对能力而发生的心理状态剧变，而不是因为个体经历的事件本身。因此，当某个人处在心理危机状态下时，进行心理危机干预是最好且必要的做法。心理危机干预对于帮助个体平稳渡过危机，提高适应生活的能力起着至关重要的作用。大学心理危机是一种社会性的公共卫生问题，以一定概率在现实中存在。如果做好心理危机干预和提前预防处置措施，会大大降低危机发生率，减少危机给学生造成的伤害。

学生心理危机的预防与干预工作，是现代高等教育必不可少的一个环节，它是尊重生命、维护学生生命安全的以人为本的教育思想的体现。心理危机的预防与干预，既是学生生命安全的一道重要防线，也是帮助学生理解生命、热爱生命、珍惜生命的一种生命教育。大学的心理危机预防与干预工作，是对学生个人发展的关怀，是要让学生热爱生活，人格健康，使人生获得更好的发展，从而实现人生价值。

一、构建大学心理危机预防干预模式

（一）构建五级心理危机预防干预工作机制

五级工作机制是一套完整的心理危机预防与干预体系，是大学开展心理危机预防和干预工作最有效的方法，与学校的日常工作和心理教育有密切的关系。它的主要组成部分是学校、院系、班级、宿舍和学生个体。

1. 学校

学校部分包含学校领导、心理健康教育工作领导小组、心理健康教育中心，以及相关职能部门。学校心理健康教育工作领导小组的主要职责是制订学校心理健康教育工作规划，做好学生心理危机预防与干预工作的全面部署。学校心理健康教育中心及相关职能部门应对学生进行专业的教育和培训，提供心理咨询服务，在必要时开展心理危机干预工作。

2. 院系

院系部分包含院系的领导、学生心理协会等。其主要职责是制订院系的心理健康教育和危机预防与干预工作规划，积极开展心理危机预防与干预的宣传工作，促进本院系学生的心理健康发展，采取措施预防心理危机发生。

3. 班级

班级部分包含班主任、辅导员、学生干部、学生心理委员等。其主要职责是负责学生心理健康教育和危机预防与干预工作规划的实施，对学生进行心理教育，做好心理危机宣传工作，对本班学生的心理状态保持关注。

4. 宿舍

宿舍部分主要由宿舍长和对此项工作关注度较高的宿舍成员组成。其主要负责对宿舍学生宣传心理教育和心理危机等方面的内容，对本宿舍学生的心理状态保持关注。

5. 学生个体

学生需要积极参与由学校组织的心理教育和心理危机相关宣传活动，主动学习心理学相关知识，关注自身心理健康，当遇到心理问题时主动求助；在平时生活中要团结同学，帮助同学，发现同学有心理危机时，及时报告学校相关职能部门。

在五级工作机制中，学校的各个部门、不同的群体相互配合，保持密切的沟通和联系，可以在较长、较全面的时空范围内形成心理危机预防与干预的完备体系。

（二）实施五级心理危机预防干预工作机制

在大学心理危机预防与干预工作中，落实五级工作机制最为重要，主要包括以下 4 个方面。

1. 加强心理危机相关知识及技能的教育培训

（1）对广大学生进行宣传教育

根据学生的生理和心理发展特点，在学校开设大学生心理健康教育课程，开展相关内容的讲座和活动，提升大学生认识自我的能力，帮助学生发展人际沟通能力，培养学生主动的求助意识，协助其掌握一定的心理危机处理技巧，能够调适自己的心理状态，及时发现可能的心理危机，并及时报告，使心理危机得到妥善处置。

（2）通过五级工作机制对全校教职员工进行培训

学校的教职员工应具备关注学生心理健康的意识和基本的心理健康知识，了解学生出现心理危机时的特征和表现，及时发现问题，及时报告，就可以保证学生在出现心理危机时能够得到及时的疏导和干预。所以，学校应该对教职员工进行培训，宣传和普及心理健康和心理危机预防与干预相关知识，使全体教职员工具备基本的识别心理危机的能力，对学生的心理健康有更高的关注度。

（3）对心理健康教育专兼职教师和心理咨询专业人员进行培训

学校的心理健康教育专兼职教师、心理咨询专业人员需要在课程教学的互动中及时识别心理危机等相关知识技能的培训任务，因此学校要加强对心理健康教育专兼职教师和心理咨询专业人员的专业培训与训练，提高其心理危机预防、干预的专业技能，增强其心理危机处置全局部署、协调应对的能力。

2. 进行心理危机排查

对心理危机进行干预与处置的前提是心理危机的及时识别与发现。建立完善的心理危机排查方案，做好心理危机潜在群体的基础性信息收集工作，不仅可以将心理危机防患未然，还可以有效预防心理危机的恶性发展。

在进行心理危机排查的工作中，要充分利用学生心理档案系统的相关数据资料，筛查可能存在严重心理困扰及症状的学生，及时进行辨别。另外，基于心理危机的发生通常都有现实因素的激发这一普遍特征，在工作中还应特别重视生活事件对学生造成即时心理影响与刺激的情况，基于三个动态维度来进行评估：一是问题造成心理影响的强度，是否自觉难以忍受，无法自行调节；二是问题持续时间长短，是否在一个月甚至更长时间难以自行缓解、调节；三是问题造成影响的频率，是否较高频次地侵扰正常生活及心理状态。

基于以上维度动态辨别、判断遭遇生活事件影响的学生是否存在心理危机或恶化发展的可能，尤其是以下15种情况并存的学生是否存在心理危机发生或恶化发展的可能：

①父母离异或长期不在身边，对学生不予关心的；

②存在家庭暴力，或家庭中有其他不利于学生身心健康发展的因素的；

③家庭经济异常贫困，并因此感到极度自卑的；

④自己或家人出现重大疾病或慢性疾病，治疗难度大，治疗周期长的；

⑤恋爱出现重大波折，难以走出失恋阴影的；

⑥因高考失利而不得已来学校就读的；

⑦因考试失利或其他情况无法顺利毕业或未拿到相应技能证书的；

⑧出现明显的、突然的性格、情绪、行为习惯变化的；

⑨经常旷课、在课堂上睡觉，不遵守校规校纪的；

⑩身体经常无端感到不适，医学检查却是一切正常的；

⑪ 有精神及心理疾病诊疗史，或有家族病史的；

⑫ 有既往自杀、自伤史，或家族中有自杀者的；

⑬ 常与别人谈论死亡，或将自己的东西尽数送人，或有疑似安排后事行为的；

⑭ 学校发生危机事件后对学生造成心理冲击的；

⑮ 其他可能促发心理危机出现的相关情形。

需要注意的是，心理危机排查是为了进一步了解并主动帮助有潜在心理危机的学生，只是对学生心理健康状况和心理危机情况的一般性排查了解，不是对学生心理状况的最终诊断。对于从基础信息收集中筛查出来的学生要多给予关怀、关注，视情况需要进行专业干预与处置，切忌贴标签、下定论，以免给学生造成新的困扰或伤害。

3. 采取心理危机预防与干预措施

（1）建立心理健康教育中心制度

院系及学生管理部门应每个月向心理健康教育中心就学生心理健康状况进行例行沟通，就平时发现的心理危机倾向要进行紧急沟通，针对突发及疑难情况及时上报。心理健康教育中心等职能部门应就心理危机的接诊和进行干预后的情况向院系及学生管理部门保持经常性的情况通报，确保干预中的追踪和干预后的跟进。

（2）实施心理危机干预

心理危机干预的目的是帮助处于危机状态的学生释放因危机造成并积蓄的消极情绪能量，改善对危机事件的认知态度及应对方法，调整适当的内部应对方式，整合有利的外部应对资源，帮助当事学生获得对生活的自主控制能力，渡过心理危机，恢复心理平衡，预防更严重的创伤后应激障碍的发生。心理危机干预是一项专业工作，需要具有专业资质的人员承担。

4. 建立危机事件的应对及处置方案

（1）建立健全心理危机筛查与干预的各项管理制度

大学需要针对可能对学生自身或他人造成严重威胁和伤害的危机事件的发生，建立一套完整的包括识别、监控、干预、转介、善后在内的危机事件应对及处置程序，并建立健全相关制度规范，如心理健康状况汇报制度、心理危机排查制度、心理预警机制、高危学生心理档案管理制度、心理危机干预方案、应急事件预案等，确保在危机事件的应对与处置过程中能够根据事件的具体性质顺利开展工作。

（2）应急预案的演练

学校应利用各种形式向学生宣传安全常识，强化安全意识，提高学生在应急事件中的自我保护、求助及逃生的技能。针对可能发生的危机事件及事故，如斗殴、火灾、活动事故等制定相应的防范措施，加强预警能力，组织应急演练，提高应对技能。

二、探索构建医校合作危机干预模式

（一）构建医校合作危机干预模式的必要性

在学生的心理危机发生之前，通常会释放一些信号，如情绪表现异常、性格突然改变、抑郁、饮食不良等。有些信号表现非常细微，却可以体现出学生可能遭遇心理危机的端倪。如果学校的心理教师和辅导员缺少对这些危机信号的辨别能力或者有关常识，就不能很好地防范大学生心理危机及因危机造成的危险行为或极端事件的发生。而精神科医生由于受过系统的精神疾病的诊断训练，拥有丰富的诊断知识和评估经验，可以较准确地对学生的心理疾病和心理危机作出评估和诊断，因此建立大学与精神专科医院合作的机制，对于大学生心理危机的及时识别和及时救治非常必要。医校合作可以畅通精神疾病学生的转介渠道，使学生的心理危机得到及时干预。

从医院治疗的角度来看，精神疾病学生的康复也需要学校的配合。学生心理疾病和心理危机的形成具有多重复杂的原因，既有生物因素，也有社会因素。因此，心理治疗和精神疾病的医治，既不能仅靠药物治疗，也不能单靠精神科医生的治疗，必须采用生物—心理—社会医学模式的治疗，这就需要家庭和学校的配合与支持。而且危机学生的彻底康复需要人格的完善，而人格的完善是一项长期的工作，精神科医生受其职业特点的限制，无法长期参与这项工作，这就要靠学校教师给予学生长期的心理关怀与心理疏导。因此，从学生心理危机干预的长期效果来看，需要大学和医院的相互配合。

（二）医校合作危机干预模式完善对策

医校合作危机干预模式需要在实践中不断进行探索和完善，主要包括以下两个方面。

1. 完善管理制度

大学可以与精神专科医院联合制定合作的相关协议，提供一个合作协议的范本，以促进和引导大学与精神专科医院之间的规范合作。大学要借鉴精神专科医院对病人的管理制度，明确学校、学生和精神专科医院的职责与义务。

2. 提供经费保障

大学与精神专科医院之间的合作，需要相应的政府部门给予经费方面的保障，大学也应有相应的经费投入。这些经费包括医院协助大学开展心理危机干预知识培训，医院组织开展对个别危机学生的专家会诊，大学邀请精神专科医生参与大学生心理危机督导评估，医院为心理危机大学生提供优先会诊、检查、治疗与住院等便利，大学和医院建立危机学生信息共享机制及开展横向研究等。

第三节　建设大学生心理健康教育辅导员团队

2021 年 7 月 7 日，教育部办公厅印发了《关于加强学生心理健康管理工作的通知》，其中提到将心理健康教育课纳入校本课程、加大教师心理健康教育培训力度、高校按师生比不低于1∶4000比例配备心理健康教育专职教师且每校至少配备2名等要求，从而为促进大学生身心健康发展，深化心理素质教育提供了有力的保障。

一、心理健康教育辅导员的作用

（一）促进大学生身心健康全面发展

心理健康是学生综合素质的重要组成部分，是学生全面成才的基础。大学生正处于人生成长的关键时期，可能会遇到自我认识、学业发展、人际交往、恋爱及就业等多种问题，容易产生心理困惑，甚至形成心理障碍，严重者还会演变为心理危机。大学生的心理发展需要教师对他们进行积极的心理疏导，帮助他们拥有良好的心理素质，促进其身心健康全面发展。

（二）推动大学生心理健康教育工作科学化与专业化

大学生辅导员主要承担学生思想政治教育和学生管理工作。在现实生活中，学生的思想、行为问题大多是由心理问题引起的。随着社会的发展，辅导员越来越多地承担着学生心理疏导的工作。因此，培训大学辅导员队伍，使其具有一定的心理学知识与心理咨询技能，具备对学生开展心理素质教育的能力，是新形势下大学生心理健康教育工作科学化、专业化的必然要求。

二、心理健康教育辅导员的角色

（一）大学生心理成长促进者

大学生处于人生发展的重要时期，辅导员应该结合学生日常的生活，开展丰富多彩的心理健康教育和团体成长活动，促进大学生提高自我认识、增强人际关系；培养多种能力、磨炼意志、开发潜能；使学生拥有正确的人生态度，树立正确的人生理想。

（二）大学生心理咨询推荐者

辅导员是大学生心理问题的第一发现人，他们可以及时引导有严重心理问题的学生寻求专业的心理咨询和治疗机构的帮助。当学生有了心理问题不能主动求助时，辅导员可以对学生进行劝说，帮助他们改变对心理咨询和心理治疗的不正确认识，消除疑虑，主动寻求心理帮助。所以，辅导员在学生和心理咨询、治疗机构中起着重要的桥梁作用。

第四节　构建大学生积极心理品质培育机制

大学生心理健康教育与辅导的核心任务是培养大学生的积极心理品质。这就要求确定大学生积极心理品质的结构和内容，开发科学、有效的测评工具，为大学生积极心理品质发展规律和积极心理健康教育效果评价等一系列科学研究的开展奠定基础。

一、心理健康教育中的积极心理学

教育的最终目标是教书育人，这里的育人可以理解为“成人”。“成人”的标志有三个：一是缺点修正，让那些本身存在恶习的人可以及时纠正坏习惯；二是道德价值观的树立，即通过一定的知识储备，具有自己的学识和道德价值观；三是识人辨人，能够鉴别人的品行。

当前社会，传统的心理健康教育往往将自己放到第一位，纠正缺点就是自己存在的唯一价值，这种消极病态的教育被称为“医学式”病理性教育。事实也确实如此，心理学家逐渐发现，专注于痛苦，把注意力放在解决痛苦上，人们可能会变得更痛苦。积极心理学恰恰与此相反，正如康普顿在其著作《好妈妈有办法：不焦不躁带出快乐孩子》中这样说道：“积极心理学家要去发现和培育天赋和才华，让日常生活更令人满意，而不仅仅是治疗心理疾病。”①

由此可见，积极心理学以人为导向，它的教学重点是促进积极而非传统的纠正问题。积极心理学以培养学生的优点为主，激发学生更多潜力。人的注意力是有限的，如果把注意力放到积极的角度，就不容易受到消极的影响。积极心理学的教育重点一方面是对普通人生活的关注，另一方面是对与生活适应相关的积极品

① 康普顿．好妈妈有办法：不焦不躁带出快乐孩子 [M]. 张新，译．武汉：长江少年儿童出版社，2021.

质的塑造，使社会中的大部分普通人拥有更加幸福的生活，这也是教育的根本所在。

（一）积极心理学对大学生心理咨询的启示

心理咨询中对心理辅导模式的应用是体现心理咨询理念，目标定向朝积极心理学方向促进个体心理潜能发掘、心理功能发挥的操作思路。心理治疗倾向于病理性的治疗，即将重点放在对人的心理疾病和心理障碍的治疗上，重视过往经历和外在刺激对人造成的心理影响。

而积极心理学认为，良好的心理治疗方式应该涉及多方面内容，如亲和力、关心、贴心服务、交流技巧等。积极心理学认为，培养人的积极性，发掘其内在优点与闪光点是应对心理问题、心理障碍的另一种途径、方式，治疗并非先根治人现有的问题，而是先发掘人自身的潜能。

因此，可以在心理咨询中应用心理辅导的形式，将人看作个体，而非病原载体，简而言之，在看到疾病的同时，也要看到人内在的潜力，通过一些积极的心理治疗措施和方式，帮助个体树立希望，调动个体的内在潜能。

1. 积极导向的心理咨询可促进大学生心理健康教育

积极心理学提出积极预防的思想，认为加强大学生积极心理健康教育，培养大学生良好的个性品质，提高大学生的社会适应能力、承受挫折能力和情绪调节能力，对预防与治疗心理疾病都有良好效果。积极预防思想主要从以下两个方面体现：一是理解问题出现的根本原因，达成和解，与问题共存；二是从积极品质出发，鼓励个体看到更多的可能性，增进个人的积极力量。

大学生对新生事物和迫切希望有天然的趋向性，接受能力较强，也具备一定的辨别能力，有自己的理解与判断。因此，采用积极导向的心理咨询方式对解决当代大学生身心发展过程中所呈现的心理问题具有较大的帮助和促进作用。

2. 积极导向的心理咨询服务于大学生心理健康教育

建立大学生心理档案，是加强学生心理健康教育工作，推进教育向纵深发展，体现心理健康教育系统性、针对性的重要条件和必要保障。促进大学生的心理健康，通常是从建立学生心理档案开始的。

积极心理学提出，通过心理档案建设，开展对学生的跟踪调查，通过档案调查结果有针对性地做好档案管理记录，对于个别心理健康存在问题的学生积极开展心理咨询工作，让学生有健康的心理。

值得一提的是，对大学生进行个人咨询时，为防止遗漏，可在全校范围内根据学校班级专业排序，进行整体的心理咨询。大学生心理档案是大学心理教育机构对学生进行心理测量诊断后，记录、整理、分析测量的结果，并进行分类保存得到的重要资料。

（二）积极心理学对大学生心理健康教育课程的启示

1. 树立积极的大学生心理健康教育课程目标

传统大学心理健康教育是有关人和如何做人方面，以及论述理性人格上，体现了心理健康者的特点。其目的是消除大学生存在的心理问题，防止学生因心理恶化造成恶性事件。积极心理健康教育以提升大学生幸福感为主。

当前，人们的生产生活活动不再局限于解决温饱问题，而在于对幸福感的提升。在此社会环境的熏陶下，大学的心理健康教育也进行了相应调整，提出让学生生活更健康、更幸福的主题，目的是让学生的校园生活更有意义。

（1）大学生心理健康教育立足于将来

积极心理学认为，当前大学生的心理教育不应局限在消除学生的心理问题，而在于大学生的未来生活，不能简单地认为，学生此时心理没有出现问题，行为符合大学生规范，就认为学生心理没有问题，进而单方面认为学生心理健康。

对学生进行积极心理学的教学与培养，可有效抵消学生的消极状态和负面情绪，并可以让学生长期保持一种乐观向上的心态，从而帮助学生朝着更好的方向发展与进步，这也符合未来社会对人才的培养标准。

（2）尊重学生的自主性

人与人之间虽然存在某些共性，但是每个人又是独立的个体。当前，先进的教育教学理念与方法层出不穷，除挫折教育和常识教育外，教师还可以对学生进行积极心理暗示，引导学生树立正确的人生观，为学生创造民主、和谐的教育教学环境。

积极心理学提倡从大学生的差异化特征入手，开设心理健康课程，让学生的心理素质有整体提升。此外，利用学校现有的办公条件，积极开展一对一的学生心理健康咨询活动，开展对学生的心理教育，满足学生的个性化发展需求。

（3）多层次心理健康教育

心理素质是多方维度（认知、情感、个性等）共同作用的成果。这些心理素质的组成成分，采用不同形式混合作用于不同领域，又加入一些新的特点，具体表现在学生的适应性方面，如学习、职业、社会交往等。

积极心理学认为大学生的心理健康目标不应停留在学业压力和将来的职场压力上，更应该关注学生的个人心理健康，以及自身幸福感的提升，通过自信、乐观、积极等多项正能量的指标考核心理健康教育。

2. 开展积极的大学生心理健康教育课程内容

心理健康教育是根据学生生理、心理发展的规律，运用心理学的教育方法，培养学生良好的心理素质，促进学生整体素质全面提高的教育。然而，当前的心理教育课程关注点为学生的心理问题，目的是解决学生在校园中遇到的学习、生活和人际关系等方面的问题。根据学生的情况，给予一些建议和帮助。

积极心理学的出现和发展提供了审视心理学的新视角，心理学不仅是研究心理障碍和精神疾病的学科，而且是一个涉猎广泛的学科，关注正常生活，关乎人类的健康和幸福，也是一门积极正向的科学。这种价值给当下的心理健康教育提供了一个新的论点，丰富了心理健康教育教学的内容，让人们对心理学有了新的审视。

积极心理学的内容既可以看作积极的情绪体现，激励人们往美好的品质方向发展，也可以看作积极的思维活动或组织群体。这些内容的出现都源于日常生活，既有社会的普遍性，也带有鲜明的个性色彩。其实从积极心理学的研究内容来看，会发现积极心理学不光研究人类的幸福，还研究道德、智力、审美、创造、积极的社会关系、积极的社会组织、生活的意义等内容。

积极心理学在大学生心理健康教育课程内容中主要包括以下 5 个层面。

（1）认知发展

积极心理学认为提升学生的心理健康教育首先要从学生的认知层面开始提升，通过一些科学方法的指导，让学生自主研究了解认知发展规律。其次，在日常的认知培养中，通过挖掘学生优点，让学生更全面化、多维度地了解自身存在的优势和不足，便于提升今后的幸福感。

（2）情绪稳定

在积极心理学中，情绪教育是一个重要课程，无论是学生还是成年人，情绪稳定是保证身心健康的有效手段，帮助学生掌控自己的情绪，了解自身情绪的波动，以便帮助其调整到正常状态。

（3）意志优化

意志力，就是人驱使自己做自己认为应该做的事情的动力和坚忍精神，是人开拓和提升自己的学识、境界和能力的精神。

每个人都需要克服自己内心的障碍，而这些都离不开意志力。要想改变自己，所依靠的是内心的力量。大学生心理健康教育需要指导学生如何面对挫折困境的压力，让学生学会面对人生的逆境，激发学生的内在潜力，从而自主解决问题。

（4）个性化完善

积极心理学要求学生实现个性化发展的前提是修身养性，通过增强学生的自控能力，自动抵制外界诱惑，纠正个人存在的问题，全方面培养学生的为人处世态度。

（5）人际关系和谐

积极心理学认为大学生心理教育应潜意识地培养学生在今后人际交往中的相关规则，掌握一定的社交技巧，让学生能够在团体中与人和谐相处，进而引导学生建立健康的人际关系和养成处理人际关系的良好态度。

3. 创建积极的大学生心理健康教育课程方式

传统心理学对当代大学生的心理健康教育课程产生了较大的影响，这使教学形式比较单一，教师更加注重知识的传授，在课堂中没有过多情感互动和交流。但是，积极心理学为学生积极性的激发、为师生之间情感的交流提供了理论支持，积极心理学的理论基础是积极人性论、认知情感理论及需求驱动论。

积极心理学的应用为课堂带来了积极情绪，课堂中除知识的传授之外，还有了情感的交流。对于课堂而言，情感除了能够调节气氛，还是教学中的一个重要组成部分，因为课堂想要实现互动，想要增强学生的体验，促进学生参与实践活动，就需要教师和学生，以及学生和学生进行更多的互动，教学应该改变以往单一机械的教学模式，使用双向的、互动的教学方式。例如，使用小组讨论、角色扮演或实践活动等教学方式为学生的学习提供愉悦轻松的氛围，让学生在活动中构建知识体系，让心理健康知识的学习和情感的交流互动充分融合，为学生带来全新的学习体验。

（1）互助式教育方式

互助式教育方式是指教育双方通过行为之间的互动，为彼此的心理带来一定的影响，引导教育参与者的心理素质发生积极的变化。在互动的教育过程中，学生可以满足心理方面的需求，能够让心理健康发展。

在情感的交流与互动过程中，大学生的情绪更容易被激发，更容易实现心理健康教育的目标。教师应该始终将大学生放在教育的中心位置，要为大学生提供能够激发其主动性、参与性及思考性的活动内容，让心理健康真正发挥其调节情绪的作用。

在具体的活动中可以使用的方式主要有：自助式心理暗示，指的是个体对自我进行的心理暗示，如写日记及自言自语等；自助式心理激励，指的是学生可以肯定其他同学、鼓励其他同学，以此来为彼此的心理带来积极影响；自助式心理辅导，指的是有心理辅导需求的学生也可以以辅导者的身份帮助同学解决问题；自助式心理训练，是指通过组织角色扮演、拓展活动、演讲活动等提高学生的心理体验；自助式心理社团，是指教师引导学生在社团活动中自主地提问、解决问题。

（2）自我教育的方式

在人类进行文化传承的过程中，无论是教育还是自我教育都是传承需要使用的手段，通常情况下教育是被动的，但是自我教育有明显的主动性、积极性，自我教育注重研究积极因素。

人都具备自我成长的潜能，人能够自我修复挫折或者困难带来的伤害，人在社会发展的过程中，基因当中的积极因素会被激活，逐渐成为能够影响人心理发展的积极因素，在积极心理因素的作用下，人能够形成积极的品质特征。

积极心理学指出，心理健康教育需要做的是激发每个人的积极因素，对于环境来说，人是主动的决策者，而不应该是被动的反应者，人应该运用自己的智慧去选择。如果积极因素能够被调动，那么可以预防心理疾病，人也会成为更加健康、积极的人。所以，积极心理学指出，大学生应该注重自我的心理健康教育，调控自身的生理因素、心理因素，更好地认识、了解自我，以此实现对自我的超越。

（3）体验式教学方式

体验式教学是指教师为学生的学习创建适合的情境，以此来激发学生学习的主动性，转变学生的学习态度，由接受、被动转变成主动创造，除此之外，还要让学生在教学情境体验中学会战胜困难，调节消极想法，改正错误认知，培养他们形成积极的情感认知和正确的观念认知，让学生在教学活动中体会到学习的愉悦，实现学生的自主学习。例如，心理活动的主题可以由学生自主确定，以此满足学生的需求，帮助学生快速掌握心理知识、心理方法；在活动探究方面可以注重学生自信心、意志力的培养，帮助学生养成优秀的心理品质，不断调节情绪应对压力。

（三）积极心理学对构建大学生社会支持系统的启示

在以往的教学过程中，普遍将大学生的心理问题和心理教育当作专职教师的职责，认为心理教育只是教师和学生之间的单向沟通，心理教育没有涉及家庭，也没有涉及社会，只是学校单方面的发展和建设，没有形成“家、校、社会”一体的大学生心理发展体系。

积极心理学认为，环境不仅能够带给人生存经验，还会影响人的发展。无论是家庭环境还是社会环境，都对人的成长有着巨大的影响。学生的成长涉及的环境就是家庭环境、学校环境和社会环境，如果想要进行心理健康教育，就需要家庭、学校及社会的共同努力，只有三者建立了合作关系，积极地发挥各自的环境优势，才能保证大学生心理健康发展。积极心理学指出，应该积极地呼吁家庭和社会加入心理健康教育中，建设完善的社会支持系统。

1. 家庭开展心理健康教育

社会由一个一个的家庭构成，个体也是在家庭环境中成长起来的，家庭环境对个体的心理健康发展有最重要的影响。精神分析学认为，人类早期的经验会对其后期发展产生巨大影响，有一些早期经验甚至会决定人的后期发展。

大学生在进入大学生活之前，基本是在家庭生活中成长起来的，家庭环境为他们提供了早期经验，父母性格及父母的观点会对其心理成长产生巨大的影响，而家庭环境的影响是潜移默化的。因此，积极心理学指出，学校应该联合家长，让家长了解学校在心理健康教育方面的教学内容，了解学生的心理健康状况，加强沟通。除此之外，家长也应该承担起学生心理健康教育的责任，辅助学校共同开展心理健康教育。

2. 社会发挥心理教育功能

“积极心理学认为大学生心理健康教育，不仅靠学校和家庭的教育与培养，还需要社会的普遍关注和进行正确的舆论引导。”[①] 社会大环境能够引导舆论的走向，社会也应该发挥心理教育功能，始终坚持舆论导向的正确性，为学生心理健康的发展营造良好的社会氛围，社会上的各种媒体是氛围营造的重要载体，媒体应该承担起引导舆论走向的责任，掌握好氛围的营造时间、营造力度，为大众提供健康和谐的社会氛围，让人们始终感受到社会生活的希望。

二、大学生积极心理健康教育及其活动

大学生是社会中的一个特殊群体，他们是走在新技术、新思想前沿的群体，是国家培养的高级专业人才，代表着最先进的文化。大学生是年轻有活力的一代，是推动社会进步的栋梁之材。因此，确保大学生身心健康、快乐成长及幸福生活意义重大。

教育部办公厅印发的《普通高等学校学生心理健康教育课程教学基本要求》指出，促进学生健康成长、培养高级专业人才，是全面贯彻党的教育方针、建设人力资源强国的重要举措，是全面提高高等教育质量、加强和改进大学生思想政治教育的重要任务。各大学要根据学生心理健康教育的需要，结合本校实际，制定科学、系统的教学大纲，组织实施相应的教育教学活动，保证学生在校期间普遍接受心理健康课程教育。相关政策的出台有效地推动了大学心理健康教育迈上新台阶，取得新成效。

注重预防和发展的积极心理健康教育的产生，为大学生心理健康教育的开展提供了新的思路和视角。积极心理健康教育主张固本培元，厚德载物，刚健有为，自强不息，标本兼治。积极心理健康教育模式创始人孟万金教授带领课题组已经建成全国师生积极心理品质数据库，研究并发表了大学生积极心理品质量表，同时，还开发了基于网络和多媒体系统的大学“幸福课”课程资源，为大学积极心理健康教育提供了科学指南、操作方案和行动抓手。目前，大学采用心理素质拓展训练、团体辅导训练、大学生朋辈辅导和分层分级教育干预等方法开展积极心理健康教育，均已取得了良好的效果。由此可见，在大学生中实施积极心理健康教育既是必要的也是完全可行的。

① 周祷．积极心理学视角下高校大学生心理健康教育研究 [D]. 长沙：湖南师范大学，2013.

（一）开展大学生积极心理健康教育研究

1. 研制大学生积极心理品质测评工具

大学生积极心理健康教育相关研究计划的进行，需要积极心理品质的配合，因此开发大学生积极心理品质测评工具十分重要。我国大学生积极心理品质量表的研制便是基于这一缘由，它的开发立足于积极心理健康教育的思想理念，通过探索、创建大学生积极心理品质模型，培养当代大学生积极心理品质，从而推动大学生积极心理健康教育的开展。

这种测量工具实用性高、价值性强，为后续相关研究的开展提供了理论依据。我国大学生积极心理品质量表具备良好的信度和效度，具有科学性和合理性。

在大学生积极心理品质教育活动中，这项测评工具提供了有效的科学依据，积极推进大学心理健康教育工作的开展，并为其后续积极转型奠定了一定的科研基础。另外，我国大学生积极心理品质量表可以为大学生心理健康教育增设发展性、预防性功能，从而弥补目前大学生传统心理健康教育研究方面的缺憾，在大学生积极心理品质的培养方面，一系列科学研究也进一步深入，从而为大学生心理健康教育活动的顺利开展、促进大学生心理积极健康发展创造了必要前提。

2. 研究大学生积极心理健康教育的内容

在开发大学生积极心理品质测评工具的基础上，对大学生积极心理健康教育的内容、方法和模式的探索也在进行。其中，在内容上主要围绕积极认识和接纳自我、建立良好的人际关系、获得自尊与自我独立、保持自我和谐、增强意志力和自控力等核心积极心理品质的培养展开；在方法上主要将认知训练和情感熏陶相结合，使大学生既能认同积极心理品质对于自己学习和生活的重要作用，又能在学校营造的良好氛围中形成及锻造自身的积极心理品质。

（二）大学生积极心理健康教育发展策略

1. 加强大学生积极心理健康教育课程建设

课程是积极心理健康教育的核心载体，科学、系统的课程教育将有效提升大学生积极心理健康教育的效率和质量。从目前的研究和实践来看，大学生积极心理健康教育还比较缺乏系统课程，不同大学开展的积极心理健康教育的内容和形式多样，对积极心理品质的培养各有侧重，因此需要及时开发一套符合大学生身心发展特征和需要的课程，以提升大学生积极心理健康教育的科学性和规范性。

2. 网络平台引导大学生心理健康教育

随着科学技术的进步，互联网已经成为大学生日常生活中不可或缺的媒介和工具。利用网络平台，充分发挥科学技术的优势，能够有效提高积极心理品质的培养效率。

大学心理健康教育工作者可以利用互联网平等、隐蔽、快捷、实时、互动的特点，通过网上心理解析、训练、辅导、咨询、测验、诊断、治疗等方式促进大学生积极心理品质的发展，为大学生提供积极心理健康教育辅导与咨询服务。

在日常社会交往活动中，微信以其平等性、开放性和交流自由性等鲜明的特点在大学生群体中得到广泛使用，实现了他们之间自由、开放的沟通，且其中一些独有的功能也可以帮助大学生留下回忆并与他人分享。

借助这些优势，大学心理健康教育工作者可以实时了解大学生的生理和心理状态，并根据这些学生的实际情况开展心理健康教育，获取更加全面的积极心理品质知识，排解遇到的心理难题，充分发挥大学生积极心理健康教育工作的有效性、实时性。

3. 将辅导员作为积极心理健康教育的对象

大学内绝大多数学生都住校，大学辅导员在大学生的学习和生活中扮演着重要的角色，是沟通学校、家庭、学生的“桥梁”。大学辅导员是大学中非常重要的一个群体，他们虽然不是专业教师，但与大学生有着频繁的互动和接触，也承担着密切关注大学生心理健康状况、及时发现并解决相关问题的重要责任。因此，大学在开展积极心理健康教育时，应当将辅导员群体作为对象之一，让他们了解积极心理健康教育的相关理念和内容，在不断提升自身积极心理品质的同时，更好地配合学校开展积极心理健康教育，使大学生真正受益。

（三）大学生积极心理健康教育的实践分析

1. 大学生积极心理健康教育实践类型

从整体而言，大学生积极心理健康教育的实践主要分为开展相关培训和会议研讨，以及开展积极心理健康教育活动两方面。

（1）开展相关培训和会议研讨

开展积极心理健康教育相关培训是积极心理健康教育的基础和途径。在积极心理健康教育被正式提出并开始在大学生群体中应用后，我国各个大学及心理学研究机构等专业组织多次邀请积极心理健康教育者开展有关讲座和培训。

积极心理健康教育已经迅速发展为“中国特色的大学生心理健康教育”，引领着我国大学生心理健康教育的发展方向。

（2）开展积极心理健康教育活动

在各类讲座、培训和研讨会不断召开的同时，各大学的积极心理健康教育活动也不断涌现。例如，北京航空航天大学以团体心理辅导活动为载体，进行了大学积极心理健康教育模式的探索，认为开展团体心理辅导可以在更广泛的层面上讨论和解决大学生成长中面临的问题，帮助大学生认识到成长中的问题具有一定的共性，并且意识到这些问题是自己在成长中必然会遇到的课题。

从实际情况来看，团体心理辅导是非常受大学生欢迎的一种积极心理健康教育方式，它从宿舍人际关系、学习压力、情绪管理、恋爱婚姻、自我成长等方面对大学生进行培训，增强大学生个体的安全感、喜悦感、归属感、认同感、价值感，提高大学生的自尊心、自信心。大学生可以在团体辅导的过程中找到新的解决办法，充分挖掘自身解决问题的潜能。此外，各大学还开展了各种各样的活动，如组织新生军训、大学生电影节、运动会等集体活动，成立心理社团、艺术团，利用相关心理咨询网进行心理咨询等。

这些活动都为大学生积极心理健康教育作出了巨大贡献，帮助大学生减轻了各种压力并获得了积极发展的力量。值得一提的是，以贫困大学生心理援助为目标的积极心理健康教育同样得到实践者的关注。在积极心理健康教育理念的指导下，学校通过营造积极的校园生态、开展丰富多彩的校园活动、激发学生主动性、帮助学生建立积极信念和提高学生心理弹性等措施，有效地帮助贫困大学生摆脱了消极的心理困扰，使他们能够更好地适应大学的学习和生活。

整体而言，大学生积极心理健康教育的相关实践丰富而全面，不断展现出积极心理健康教育对大学生心理健康发展的积极作用，体现了大学对积极心理健康教育的高度认可。

2. 大学生积极心理健康教育实践活动

大学生团体心理拓展训练对培养大学生积极心理品质具有重要意义。大学建立心理拓展训练平台可以大幅提升大学生心理健康教育活动的水平，通过探索大学生心理健康教育的科学方法，模拟相应的自然环境和情境模式，激发学生自身存在的积极品质，帮助大学生完善个人心理品质，促进其全面健康发展。

具体而言，大学生心理拓展训练综合了组织行为学、心理学及教育学等多项学科的先进成果，是一种根据学生自身实际情况、身心发展特征及现实社会的真实需求建立起的体验沉浸状态的培训活动计划。大学生通过参加团体心理拓展训练活动，可以激发个人潜力和自信心，加强团体合作力和凝聚力，借由活动中的交流分享功能和回顾反思功能，将个人经验和体会融入现实生活中，积极发挥大学生积极心理健康教育实践活动的重要性。参与团体心理拓展训练活动的大学生既能在其中训练他人，又能被他人训练，在了解他人心理品质的同时也能够掌握自身存在的心理问题，明确自身的优点，弥补自身的不足，积极纠正自身的心理偏差，促进心理品质健康发展，实现大学生团体相互训练、共同发展的目的，加强团体凝聚力。

对于大学生团体心理拓展训练活动而言，其最主要的特点是惊险、新奇、刺激和开心，通过让学生参与到各种形式的活动中，营造出活跃、刺激、快乐的氛围，提高他们参与活动的主动性、参与性、积极性，提高大学生心理教育活动的有效性，帮助学生在相互训练中提高自己，培养积极的心理品质。

另外，大学生心理健康教育活动的基本理念包括积极、快乐，借由心理拓展活动，学生可以增强心理免疫能力，激发自身潜能，拓宽解决心理问题的方法途径，提高大学生的竞争力、合作力和包容力，高效完成大学生心理健康教育任务。

（1）训练的对象

大学生团体心理拓展训练应根据不同年级学生的心理特点和学生群体的具体需求，有针对性地开展不同主题的心理拓展训练，开发学生的潜能，强化学生的团队合作意识和竞争参与意识。这些训练旨在让学生了解自己、相信自己，充分利用积极心理健康教育及服务资源，体验开放、分享、团结、协作的魅力，增强团队精神和协作意识，增进彼此间的了解，建立人际信任，使学生更好地融入群体和社会。

在大学生心理健康教育活动中，辅导员扮演着极为重要的角色。因此，大学可以开展辅导员心理素质拓展训练专题培训活动，加强辅导员个人培训能力，使其将自身收获的经验融入日常教育活动中，提高学生参加训练活动的积极性和参与性，培养大学生的积极心理品质，提高其团体合作能力。

（2）训练的注意事项

①热身活动是开展大学生心理拓展训练活动的重要前提。

在活动开始之初，训练师先要组织相应活动，为大学生营造快乐、积极、刺激的现场氛围，拉近学生之间的心理距离，从而创建活跃、积极的团队。例如，训练师可以组织学生相互介绍自身实际状况，以此为基础开展一些刺激、新奇的训练活动，激发学生参与的积极性和主动性，使学生能更快融入新环境，便于后续训练活动的开展。另外，热身活动还可以起到调动学生激情的作用，帮助学生放松自己的状态，忘掉训练以外的事情，积极进入训练活动中，加强团队之间的协作能力和凝聚力。

②大学生心理拓展训练活动顺利开展的重点便是安全性。

热身活动结束后，学生对训练活动及参与人员有了大致了解，这时训练师可以解答和讨论学生提出的一些问题，然后直接进入实地心理拓展训练环节。

当然，在这一过程开始前，训练师应对学生强调活动中的一些安全注意事项，保证学生安全、欢乐地投入训练活动，尽量避免一切不安全事件的发生，如强调一切活动听指挥、观察学生动作的规范性、评判热身活动是否到位及讲解活动器材的使用说明等。

③大学生实施心理拓展训练活动时要遵循一定的实施规范。

将人员多寡、活动场地及学生个人特点等因素考虑进去，依照活动难度由易到难逐步过渡，保证活动组织的科学性和合理性，帮助学生在其中发现个人优势，提高自信心，引导学生将获得的直接经验慢慢迁移到未来的生活中。

④在进行心理拓展训练活动时应根据实际情况制订训练计划。

统计学生的参与情况和所获得的训练结果，最后获得具有针对性和准确性的点评信息。具体而言，统计的内容主要包括学生在其中的个人表现、训练计划、训练进展情况及训练成果等。训练活动结束后，训练师应对活动的开展情况和训练成果做一个细致的总结和评价，与学生讨论其在训练过程中所获得的经验和存在的不足，提高学生的思考能力和总结概括能力。

由此看来，训练师在最后对活动和学生进行导引式总结，不仅可以帮助训练活动更加顺利进行，还可以加深学生对自己、他人的认知和了解，挖掘自身存在的优势，培养团队凝聚力，促进个人心理健康发展。

（3）训练的成效

①在训练活动中，参与者的自我认知能力和反思能力得到极大的提升，发现了自身存在的优点与不足。

②心理拓展训练活动可以帮助学生提高人际交往能力和团队合作能力，加强团队协作意识和群体意识，帮助参与者建立起深厚持久的友谊和对彼此的信任。

③心理拓展训练活动大幅提升了参与者的情绪管理能力和压力承受能力，帮助他们在困境中保持沉着冷静的态度，解决遇到的一系列难题。

④心理拓展训练可以大幅度激发学生的个人潜力。

在一些具有难度的活动中，学生能够在寻找问题解决方法的过程中发现自己的优势，从而激发自己的潜能。

三、大学生积极心理健康教育课程培育

“新时代的心理健康教育不应再止步于解决问题，充分地去挖掘大学生身上的潜在能力，尽可能让他们拥有更多积极品质，从而达到最终塑造大学生积极人格的目标。”[①] 积极心理健康教育课程培育需要注意以下五个方面。

（一）扩大教学目标

从积极心理学的角度转变教学目标：一是目标人群应该扩大，不应该只关注有心理问题的学生，而应该面向全体学生；二是将价值目标进一步扩大，以往只是预防产生心理问题，而现在应该转变为积极培育学生良好的心理品质，展现人文关怀，帮助学生实现自我价值，不断突破自我，实现人生目标。

（二）不断丰富教学内容

在心理健康课程的教学中，融入积极心理学中有关积极心理品质培育的内容。大学生的心理品质具有较高的可塑性，教师可以有针对性地设计合适的教学内容，让学生根据自身特点自主选择合适的学习内容。例如，有的学生比较怯场，害怕

① 于凤笛．积极心理学视域下大学生心理健康教育对策研究 [D]. 沈阳：沈阳航空航天大学，2015.

在很多人面前展示自己，可以让他们在课堂上进行演讲，不断挑战和突破自己；有的学生不会拒绝别人，教师可以设计和模拟真实的情境，让学生学会在现实生活中如何拒绝别人，使学生变得更自信，形成正确的自我认知。

（三）创新教学模式

由于教学资源有限，一些大学的心理健康课程是大班教学，通常是以教师讲授为主，教学效果不明显。为此，教师应该不断开拓创新，使教学模式更丰富多样，积极培育学生良好的心理品质，在教学中实施体验式教学方法。例如，可以根据学生的特点将其分成不同的群体，匹配不同的教学内容，通过分组实现教学方式的个性化，让一些小组演讲展示，另一些小组做团队展示。在心理健康课程的教学中，真正做到“教”和“学”相结合。教师通过知识讲授，纠正学生错误的认知；在课堂上模拟真实的情境，让学生有更多体验的机会；帮助学生做心理沟通技巧练习，不断完善自我。实现教学模式的创新，就是要引入体验式教学方法，让学生成为课堂教学的主体，亲身参与和体验教学，实现教学的个性化。

（四）改变教学评价

从积极心理学角度出发，心理健康课程的培养目标主要是帮助学生形成良好的心理品质，将学生分组，采取合适的教学模式，不再采用单一的评价模式，而是将过程性评价和终结性评价相结合。

学生需要鼓励，教师要认可学生的进步，在最终的考核和评价时，综合考虑每个学生的改变和突破，打破传统的终极评价模式。过程性评价是一种十分积极的评价模式，可以让学生体验积极的情感，培育良好的心理品质。

（五）提升教师素质

在心理健康课程的教学中融入积极心理品质培养，也要不断提升教师素质。教师的心理素质和自我修养要不断提升，用自身人格魅力去影响学生。与此同时，因为教学内容、教学模式和评价方法的转变，要求教师具备更强的课堂组织能力，所以教师要不断精进自我，既要提高自身的授课技能，又要不断完善人格修养。

第四章　大学生心理辅导实践

当前，我国正处于实现中华民族伟大复兴的关键时期，面对社会发生的复杂而深刻的变革，大学生的思想也呈现出较为复杂的特征。

辅导员作为大学生成长路上的引路人、生活中的知心朋友，应当给予学生充分的关心、理解，帮助学生摆脱困扰。这就需要辅导员掌握一些基本的心理辅导知识与技能，较为准确地把握学生的个性需求，提升大学思想政治教育的实效性。

第一节　大学生心理辅导及其理论基础

一、大学生心理辅导概述

（一）心理辅导的含义

心理辅导是指心理辅导者与受辅导者之间建立一种具有咨询功能的融洽关系，以帮助受辅导者正确认识自己，接纳自己，进而欣赏自己，并克服成长中的障碍，改变自己的不良意识和倾向，充分发挥个人潜能，迈向自我实现的过程，心理辅导这一概念特指针对学生的心理教育和心理咨询服务。

（二）大学生心理辅导与心理咨询、心理治疗的关系

心理辅导、心理咨询、心理治疗是既有关联又有区别的概念。“心理咨询是指由受过咨询心理学专门训练的专业人员运用心理学知识、理论和技术，对那些解决自己所面临的问题有一定困难的人提供帮助、指导、支持，找出心理问题产生的原因、探讨摆脱困境的对策，使受辅导者缓解心理冲突、恢复心理平衡、提高环境适应能力、促进人格成长。”[①] 而心理治疗是指在良好的治疗关系的基础上，

① 沈德立. 大学生心理健康 [M]. 北京：高等教育出版社，2013.

由经过专业训练的治疗者运用心理治疗的有关理论与技术，对有心理障碍或疾患的人进行治疗的过程。

从心理辅导、心理咨询与心理治疗的定义中可以看出，三者有许多相似之处，具体表现在：三者所依据的理论基础具有一定程度的相似性，三者都注重在心理健康服务人员与被服务者之间建立相互信任的工作关系，三者的最终目标都是帮助被服务者维护和增进心理健康水平。

鉴于心理辅导、心理咨询与心理治疗具有的相似性，在现实生活中人们常常将三者混用，但它们之间的区别仍然是显而易见的，混淆彼此之间的差异，会影响心理健康服务功能的实现。

1. 服务对象不同

在心理咨询与心理治疗中，服务者与被服务者的关系均是建立在来访者主动求助的基础上。不同之处在于，心理咨询最一般、最主要的服务对象是健康人群，或者存在心理问题的亚健康人群，而不是病态人群。《中华人民共和国精神卫生法》第二十三条第二款明确规定：“心理咨询人员不得从事心理治疗或者精神障碍的诊断、治疗。”经临床心理诊断有心理疾病的人群为心理治疗的服务对象，心理咨询师在遇到有人格障碍等心理疾病的来访者时应当及时转介。

一般来讲，心理辅导的对象既有辅导员主动“出击”的约谈对象，也存在学生主动求助的情况。在多数情况下，辅导员不会被动等待学生前来求助，而是基于自身所掌握的情况，主动与学生约谈，了解并帮助其解决学习、生活、情感、人际、求职中所面临的问题。主动约谈可能得到来访学生的配合，也有可能遭遇来访学生的抵触与拒绝，这就需要辅导员运用积极的辅导态度去解决，实在得不到配合，应在知会本人及家长的情况下，转介给更专业的咨询师。当然，当辅导员认为学生显现的问题超出辅导的范围而需要进行咨询或治疗时，也应当及时将学生转介至心理咨询师或心理治疗师，以确保学生获得适当的帮助。

2. 解决问题不同

心理辅导与心理咨询着重解决健康人群与亚健康人群在日常生活中面临的人际关系问题、职业选择问题、学习问题、情感问题。与心理咨询相比，心理辅导一方面更倾向于面对全体学生，而非被动等待个别有心理问题的求助学生；另一方面倾向于解决学生显而易见的表层心理问题。心理辅导员无须具备做长期深入心理咨询的能力，但应具备基本的咨询理论和技巧，以便于对学生是否需要转介作出判断。心理治疗的适应范围与心理辅导和心理咨询有着明显的区分，心理治疗主要解决心理障碍、行为障碍、心理生理障碍、精神病患者康复期适应等问题。

3. 双方关系不同

心理健康服务人员与被服务者之间的关系是心理服务取得良好效果的前提和基础。在心理咨询与心理治疗中对咨访关系与治疗关系有严格要求，咨询师（治疗师）不能将心理咨询（治疗）这类助人的专业关系变为其他人际关系，亦即不能成为来访者的“父母”“恋人”“上司”“老师”或“朋友”等替代性角色，尽可能避免在做咨询师（治疗师）的同时担当不同的角色，以保证求助者自我暴露和自我探索的进行。

而心理辅导虽然也强调对求助者保持不偏不倚的中立立场，但由于辅导员特殊的身份和角色限制，使其无法真正与学生处在平等的地位，当学生向辅导员提供有关信息的时候，会带有或多或少的防御心理。这就尤其需要辅导员能够与谈话者建立一种良好的、和谐的关系，避免使谈话走向另一个极端。

4. 工作边界不同

心理咨询与心理治疗的工作范围严格限制在心理层面，而不涉及非心理的、法律的、物质范畴的帮助。因此，向求助者提供经济援助或充当来访者生活意义上的朋友等，都是超出咨访（治疗）关系的不恰当行为。

而辅导员作为大学生日常思想政治教育和管理工作的组织者、实施者和指导者，具备心理辅导职能。辅导员可以广泛采用教育、管理等手段，如贫困生资助工作、就业指导工作、勤工助学工作等，为学生创设良好的心理成长环境。

总体而言，心理健康服务具备三个层次的目标，即预防、干预和矫正。心理咨询与心理辅导更偏重预防与干预，而心理治疗更偏重干预与矫正。了解三者之间的联系与区别，既有助于求助者获得适当的帮助，也更有助于心理健康服务工作向着更加规范化、专业化的方向发展。

二、心理辅导的基本理论

在心理辅导理论蓬勃发展的今天，各流派呈百花齐放的态势。这里选取与思想政治教育密切相关的两种常用的心理辅导技术——人本主义辅导理论、焦点解决短期治疗理论进行重点介绍。

（一）人本主义辅导理论

人本主义心理学派是美国当代心理学的主要流派之一，深刻地影响了 20 世纪后期的文化、管理、社会生活等领域，以马斯洛、卡尔·罗杰斯（Carl Rogers）等人为代表。在人本主义者看来，人是一种自由的、有理性的生物，具有个人发展的潜能。

“以人为中心”是其核心理念，它认为每个人身上都存在向善的能力与发展的潜能，一个人的发展如自然流水，如果没有外在的阻碍，会自然而然地发展。人本主义的核心观念有四点：一是人的责任，即每个人要对自己的行为负责，一个自我发展的人也是一个有责任的人；二是此时此刻，强调当下的感受、感觉，珍惜眼前，做好当下的事情；三是个体的现象学，强调人是自主的人，只有自己才最了解自己；四是高峰体验，即同时兼有自我丧失与自我超越的体验。

人本主义的心理辅导有其独特的方法和技术。它主张辅导者与当事人之间不是帮助与被帮助的关系，而是平等关系。在辅导过程中，辅导者的工作不是弄清楚当事人的问题是什么、怎么形成的、使用什么样的技术能够让他们认识到自己的问题及他们该如何解决问题等，而是把自己当作一种手段，通过自己的真诚、关心、尊重和善解人意来营造一种良好的氛围，让当事人能够自由地探索内心感受。概括起来讲，主要有以下 3 种方法。

（1）真诚沟通

在辅导者与当事人构建良好辅导关系的过程中，真诚沟通是一个非常重要的前提条件。真诚沟通是指辅导者对当事人态度真诚，言行一致。真诚沟通具有五个要素：一是不要固定在角色中，即不要固定在辅导者的职业角色中；二是自发性，辅导者的表达较为自由，不需要斟酌哪些话该说或不该说，也不要冲动或压抑；三是无防御性，真诚的人是没有防御反应的，辅导者要了解自己的优势和不足，坦然面对自己的消极反应并进一步挖掘弱点；四是一致性，辅导者的所思所想应当与实际行为表现保持一致或有限的差别；五是自我表露，辅导者可以公开进行言语或非言语的情感表达。真诚沟通不仅是辅导员需要具备的专业技术，更是与学生进行交往和沟通时应遵循的原则。

（2）无条件积极关注

无条件积极关注是人本主义的核心理念，在辅导实践中表现为对当事人的态度。也就是说，不论当事人的品质、情感及行为如何，辅导者都要对当事人的问题和情感表示无条件的接纳与关注，并采取一种非评价性的言语，从而给予当事人准确的共情反馈，激发当事人的潜力，使当事人发自内心地感受到自己的价值。

因此，无条件积极关注是高水平辅导者的价值所在，是辅导者表达自己乐于接受当事人、理解当事人，同时关心和帮助当事人，在任何时候对当事人都以诚相待的技术手段。在辅导员的工作实践中，特别是当一名辅导员要面对200多名年轻的大学生时，常常从便利工作的角度，将学生群体进行归类，如学习优秀生、三困生（学习困难、经济困难、心理困难）等，这种方式在无形中给学生贴上了标签，关注的焦点也发生了变化和转移。

辅导员应对学生尽量做到无条件积极关注，无论学生来自哪里、外形如何、成绩如何、人际交往状态如何，都表现出接纳和尊重，向每个学生传达他是一个有价值的人。

（3）共情

共情是一种能深入他人主观世界，了解其感受的能力。罗杰斯对共情的解释是：辅导者能够正确地了解当事人的主观世界，并且能将有意义的信息传达给当事人。

深层次的辅导需要和当事人有更多情感上的交流。因此，大学辅导员在工作中，要充分信任学生，认同学生身上存在的潜能，并提供机会与场合，锻炼与激发学生的创造力，在班级中营造积极向上的和谐氛围；要善于换位思考，不仅要用规则更要用共情来解决学生管理中的问题；要设身处地地为学生着想，用自己的热情去感化个别问题学生，避免用冷漠态度或放任自流的处理方式对学生心理造成伤害。

（二）焦点解决短期治疗理论

焦点解决短期治疗源于20世纪80年代美国威斯康星州的短期家庭治疗中心，目前已经广泛应用于家庭、社区、学校、医院等社会领域，以其简单、实用、高效的特点受到越来越多的民众和专业人士的欢迎。焦点解决短期治疗并不是一种具有突破性的心理咨询与辅导理论，而是一种心理辅导的应用模式，主张在短时间内帮助当事人找到解决问题的方法。这种治疗方法富有鲜明的时代特色。

1. 焦点解决短期治疗的基本原理

传统的心理辅导以问题为核心，深入挖掘问题的症状和成因；辅导师被看作解决当事人问题的专家。焦点解决短期治疗以问题的解决为核心，辅导者把当事人看作是自己问题的“专家”，和当事人探讨问题如何改变及改变的可能性，挖掘当事人的目标、资源、经验和未来愿景，尽可能以较少的会谈完成工作。

（1）事出并非有因

许多事情的因果关系都比较复杂，问题往往是不同因素相互作用的结果。因此，探究事情的原因容易陷入“鸡生蛋、蛋变成鸡”的循环论证过程中。

与其耗费时间也厘不清原因，倒不如寻找问题解决的方法，焦点解决短期治疗强调“问题解决”而不是“问题成因”，其核心任务是发现当事人希望有什么样的变化、与原来有什么样的不同及有哪些实现变化的前提条件。

（2）问题症状也有积极意义

当事人问题的存在，不仅会带来痛苦和损害，也有其存在的合理性和积极意义。因此，一方面可以协助当事人寻找更好的问题解决方法，另一方面可以协助当事人对问题重新进行建构，引导当事人关注其积极意义。给某一种行为贴上一个标签是非常武断的，因为在有些情境中，该行为的意义可能是正向的。心理辅导者的工作之一，就是让当事人认为自己的问题症状正逐渐好转。

（3）合作与沟通是问题解决的关键

辅导者与当事人之间是一种合作性的互动关系。辅导者带着“建构问题解决之道”的心态积极倾听当事人的叙述，引导当事人向积极的方向进行建构，促使他们进一步采取行动。当事人是了解自己问题的“专家”，辅导者是解决问题的“专家”，只有二者合作才能解决问题。问题无法解决的根源通常是解决方法不恰当。

焦点解决短期治疗把问题看作“个体尝试解决问题的过程中形成的不恰当的问题解决习惯模式”。

问题本身不是真正的问题，不恰当的问题解决方法让问题显现出来，成为更大的问题。焦点解决短期治疗“不以问题为导向，以发展问题解决策略”为目标。辅导者在思考问题时，要考虑问题的多面性和特殊性，协助当事人找到更好或有弹性的问题解决方法，相信当事人有能力发展出恰当的问题解决方法体系。

（4）当事人是自身问题的“专家”

由于相信当事人有能力解决自己的问题，辅导者要关注当事人的优势，挖掘他们的目标、资源和潜能。辅导者的任务并不是提出解决问题方法的，而是引发当事人运用自己的目标、资源和潜能去推动问题的解决，是当事人而非辅导者制造了改变。

（5）从“问题不发生时”出发

要关注当事人的成功经验，强调发展的可能性和积极的力量。例如，如果说一个系统包括“黑”和“白”两个部分且整个系统是守恒的，以往的做法是不断消除“黑”的部分，致使“白”的部分不断增加；现在则是让“白”的部分不断增加，“黑”的部分就会随之不断缩小。也就是说，发展“白”的部分，而不是消除“黑”的部分。这样做可以让当事人摆脱自责、内疚等负面情绪和认知，谈论他们的成功经验或者如何改善未来，从而向积极的方向转化。

（6）有例外就能解决

焦点解决短期治疗相信“凡事都有例外”。有例外，就有改变的可能性。当事人往往都承认例外的存在，但是他们常常陷入问题的困境，容易全盘否定，看不到例外的意义和价值。辅导者需要协助当事人找出例外，让他们看到“问题不发生时”的状况，相信自己的能力。

2. 焦点解决短期治疗的基本过程与技术

焦点解决短期治疗过程有两个主要任务：一是协助当事人建立小的、积极的目标，二是找出例外并发展出多元的问题解决策略。起初，辅导者询问当事人前来求助的动机，提供当事人描述问题的机会。辅导者就问题性质或事件细节进行追究，但不会深入挖掘问题成因，在积极倾听的同时，计划如何将当事人向“问题解决”引导。通过积极倾听、关注和尊重，辅导者可以与当事人建立良好的咨访关系，然后协助当事人澄清他们的目标，挖掘当事人的例外经验，提出解决问题的方法。会谈结束之前，辅导者需要对会谈过程进行回顾和总结，进行积极的反馈或布置家庭作业。

焦点解决短期治疗有一些常用的技术，主要用于寻找或发现例外、挖掘当事人的潜能和资源。辅导者在实践工作中，如果能够掌握一些专业的焦点解决短期治疗技术，将更有助于深入了解并理解学生。接下来，简要介绍十种常用的技术。

其一，预设式提问，主要是指运用一些言语影响当事人，让当事人从与以往不同的角度去思考问题。例如，“今天讨论什么主题会对你有所帮助？”“你希望生活中有哪些小小的改变？”“如果你接受咨询有用，你希望能有什么改变？”

其二，奇迹式提问，就是要当事人想象一下问题都解决时的情形，引导当事人思考想要发生什么样的改变，从而寻找问题的解决方法。例如，“想象一天晚上你睡觉时有一个奇迹发生了，我们谈的问题解决了，你睡觉时并不知道这个奇迹已经发生，当你醒来时，你能发觉有奇迹发生的第一个迹象是什么？”“如果有一个水晶球能看到你的未来，那将是一个什么样的情境？”

其三，关系式提问，即询问与当事人有关系的重要人对他或她、事件及改变可能性的看法，从而扩展当事人的思路。例如，“你最好的朋友会如何描述你比较平静的样子？”（而非“你发脾气时，你的朋友会讲你什么？”），“当你清醒时，你女朋友会说喜欢你什么？”（而非“在你醉倒时，你女朋友会说最讨厌你什么？”）。

其四，例外式提问，即协助当事人从以往事件中找出例外的情况，引导他们分析事情没有那么严重时的状况。例如，“在什么时间你可以控制自己的脾气，那是一种什么状态？”

其五，评估式提问，即采用量化的方式将当事人的抽象概念具体化。例如，“如果不喜欢读书为零分，喜欢读书为十分，你给自己打几分？”

其六，最初迹象，即通过分析最初的轻微改变迹象来探讨改变的步骤和计划。例如，“如果有什么特别的变化，你愿意做些什么？”

其七，加油助威，就是在当事人找出例外和问题解决的方法时，采用言语或非言语形式为当事人喝彩、加油，对其行为进行肯定和鼓励。例如，“啊，虽然你不愿意来学校，但你还是坚持来了，你是如何做到的？”

其八，称赞，即在当事人表现出积极向上的力量或找到相关的资源时，对当事人表示赞美和鼓励。赞美分为直接赞美、间接赞美与自我赞美。例如，“你昨天没有打游戏，你是如何做到的？”“虽然你认为咨询并没有效果，但你还是坚持来到咨询室，是什么样的动力使你来到这里？”

其九，因应问句，指当事人无法指出一个最近或过去的例外时，可以使用因应问句。例如，“你能够做些什么，使情况不会变得比现在更糟？”

其十，布置任务或家庭作业，即督促当事人在现实生活中进行练习，尝试新的行为或持续积极向上的行为。例如，“你可以尝试每天少哭一点点吗？”

目前，焦点解决短期治疗被广泛应用在学校辅导、企业员工帮助计划、非自愿个案及团体中，是一种具有广泛应用前景的咨询方法。

第二节 大学生个体心理辅导的基本技能

巴西著名教育家保罗·弗莱雷（Paulo Freire）曾经说过，没有了对话，就没有了交流；没有了交流，也就没有了真正的教育。[①] 在以往与学生的谈心中，大学辅导员往往在教育、管理和服务等方面充当权威角色，对学生进行思想政治教育。一些辅导员在日常管理工作中也感叹工作难度之大。因此，与学生建立真正的联结，需要辅导员具备辅导技能，学会与学生建立信任关系，倾听学生的所思所想，进行合理引导，从而使辅导员的工作能够真正入脑、入耳、入心。

一、倾听的技能

交流是双向的过程，包括听和说。倾听是一门艺术，它要求聆听者全神贯注。倾听是所有辅导反应和策略的先决条件。倾听是辅导过程中最先作出的反应。倾听的目的是让辅导者理解当事人的话，同时让当事人听到自己说的话。

美国心理咨询学家基伯森（Gibson）指出：学会倾听是心理辅导的先决条件。心理辅导条件下的倾听不同于一般社交谈话中的倾听，它要求辅导者认真地倾听当事人的讲话，认同其内心体验，接受其思维方式，设身处地地思考与反馈。因此，它不像在日常谈话中那样可以随意插嘴讲话，进行是非评论乃至争辩。辅导者在聆听当事人讲话的过程中，尽量克制自己插嘴讲话的欲望，不以个人的价值观念来判断当事人的主述，并以积极态度表达对当事人内心体验的认同。因此，倾听也是尊重与接纳的化身。

倾听是大学辅导员在工作中与学生沟通的第一步，是建立双方良好关系的基本要求。要改变以往在谈话中辅导员占据主导地位，学生处于从属地位，辅导员

① 弗莱雷．被压迫者教育学 [M]. 顾建新，张屹，译 .50 周年纪念版．上海：华东师范大学出版社，2020.

谈得多、听得少的现象。辅导员要认真听取学生的陈述，并不断启发学生，使学生在诉说中表明自己的观点或宣泄自己的情绪，这样既能让学生感受到尊重，又能让其将一些不良情绪宣泄出来，最重要的是辅导员可以通过学生的话语及行为“听”出学生客观真实的心理状态。辅导员不仅要听懂学生通过语言、行为表达出来的内容，还要听出学生在交谈中所省略的和没有表达出来的内容。因此，在做工作时，辅导员要掌握好倾听的技巧，做到积极地倾听、鼓励地倾听、接受地倾听和理解地倾听。

倾听可分为两种。一是被动式倾听，即用身体语言（包括点头、微笑、注视、坐姿等）和有限度的语言（如“嗯”“是的”“我明白”等）向学生表示，辅导员正在耐心聆听他的讲话。研究者认为，辅导员身体的倾听包括5个基本要素：面对当事人、身体姿势开放、身体稍微倾向当事人、良好的目光接触、身体放松。二是主动式倾听，即用主动的方式使学生明白辅导员正在耐心倾听。

在工作中，有一些辅导员愿意说：“不愿意听”，习惯说：“不习惯听”。在谈心的过程中，只有当学生真正感受到老师是在真诚地关注他、听他讲而不是评判教育他的时候，他的内心世界才会主动向老师敞开。因此，倾听时需要注意以下两点。

一是对学生的态度不要做道德或是非的评判。一旦用自己的道德准则去评判别人就会产生先入为主的观念，无法正确解决问题，学生会因此而止步不前，不敢表露自己的心声。要让学生勇敢面对自己，尝试在老师的带领下自己解决困难，提高学生自己解决问题的能力。同时，辅导员也要注意不要把谈心变成“苦口婆心”，否则学生的真正想法就会被掩埋，辅导员的辅导也不会起任何作用。

二是倾听需要适时回应。这可以帮助学生剖析自己的内心世界，将自己的所有真实想法吐露出来。在倾听的过程中适时地鼓励、重复学生叙述中的某些话语或内容等，可以拉近与学生之间的距离，引出学生对某些问题、思想、情感等的详细说明。

二、同理心的技能

同理心，亦称共情、同感等，通常是指心理辅导者要设身处地地理解当事人知觉外部世界的方式，感受其体验到的世界，分享其对外部刺激的心理反应，并将自己的准确理解有效地反馈给当事人，以此促进当事人自我分析、自我感悟、自我认知能力的成长。罗杰斯认为良好的咨询关系本身就具有治疗的功能，而同理心是建立良好咨询关系的三个充分必要条件之一。

同理心主要包括四个要素：一是放下自己的主观参照标准；二是进行有效的倾听；三是感受当事人的情绪；四是通过语言把自己对当事人的感受有效地传达给对方。

同理心有助于辅导者与当事人建立一种信任、平等、互相尊重的关系，是心理辅导工作取得成功的关键。在辅导员的工作中，要做到同理心，就是要放下自身的价值观，对学生不进行任何道德的评价、判断，有能力从观察、倾听过程中充分体会学生的感受、信念和态度，并有效地将这些感受传达给学生。

即使学生犯了严重的错误，也不要鄙视学生，使学生感觉到教师对他的尊重和理解，从而愿意向教师敞开心扉，并接受教师的意见与建议。值得关注的是，同理心并不是要教师完全放弃自己的价值观，而是要暂时抛开传统的判断标准，走进学生的内心世界，追溯问题，最后通过科学的方法帮助学生解决问题，树立正确的价值观。

同理心可分为初层次同理心与高层次同理心。辅导者在运用同理心时，必须根据咨询的阶段、与当事人的关系来决定使用哪种层次的同理心。初层次同理心，是辅导者对当事人形成的一种基本的理解、认识，知道当事人的感受是什么及在这种感受下的体验和行为是什么。它有助于建立良好的咨询关系，帮助辅导者及时获得所需要的信息和资料，并可以对有关问题加以澄清。高层次同理心意味着辅导者不仅可以对当事人的表述作出反应，而且可对那些隐含的、未完成的表达作出准确的反应。高层次同理心适用于咨询的中后期，以及辅导者与当事人已有良好关系时。

三、尊重的技能

尊重意味着辅导者在价值、尊严、人格等方面与当事人平等，把当事人作为有思想感情、内心体验、生活追求、独特性与自主性的活生生的人去对待，体现为对当事人现状、价值观、人格和权益的接纳、关注和爱护。罗杰斯强调尊重对辅导的意义，并将其列为使当事人人格产生建设性改变的关键条件之一。尊重技能的意义体现在以下 6 个方面。

（1）尊重意味着完整接纳

尊重意味着接纳一个人的优点和缺点，也意味着接纳一个价值观和自己不同甚至差距很大的人，并与之平等交流。例如，一个生活态度积极向上、充满活力的辅导员，面对一个浑浑噩噩、醉生梦死却又怨天尤人的学生时，可能会流露出不满和指责。为此，辅导员应充分地了解自己的价值观，充分地尊重对方的价值观。每个人价值观的形成都有其复杂的背景，并非只有辅导员的价值标准才是正确的，开放的观念对辅导员来说非常重要。

（2）尊重意味着一视同仁

尊重意味着一视同仁。学生无论贫穷富贵、成绩好坏、性格好坏、年龄大小、性别为何，辅导员都应一视同仁，予以尊重，不能厚此薄彼。

（3）尊重意味着以礼待人

辅导员对学生不嘲笑、不动怒、不贬抑、不惩罚，即使学生的言谈举止有些失礼，也应以礼相待。

（4）尊重意味着信任

信任是尊重的基础，缺乏信任就难以有尊重。有时因为咨询关系还未完全建立，学生在涉及某些敏感问题时会有所顾虑、掩饰或犹豫。辅导员应予以理解，并借助尊重、理解、温暖来消除顾虑。有时学生的言语可能会出现矛盾，辅导员可协助予以澄清，不可简单地认为是学生故意不诚实。无论是在学习上还是在工作中，都要信任学生有能力完成，给予其充分的信心和鼓励，这样才能换来学生的诚实和信心。

（5）尊重意味着保护隐私

对于学生讲述的隐私，辅导员应予以尊重、保护，不应随便外传。对于学生暂时不愿透露的与咨询密切相关的隐私，辅导员应耐心等待，不可强迫讲述。

至于与咨询无关或关系不大的隐私，辅导员不得随便干预，不可出于好奇而去探问。对每个学生的隐私都应在无例外的情况下绝对保密，尤其对于主动找辅导员谈话的学生，他们所透露的心声，所讲述的家庭、情感等隐私，辅导员应严格遵守保密原则。

（6）尊重以真诚为基础

尊重并不意味着一味地迁就学生，没有原则，没有是非。辅导员在咨询过程中可能遇到不认同学生言行的情况，对此，辅导员应在掌握材料的基础上，视咨询关系建立的状况表明自己的意见，否则就会违背真诚的要求。

与学生有不同意见，并非不尊重学生，也不等于否认学生，因为辅导员的意见是对事不对人的。在咨询关系已建立的情况下，适度地表达对学生言行的看法，无损于咨询的进程，反过来会起到积极促进的作用。同时，应该让学生正确认识尊重与真诚的关系，因为在咨询后辅导员经常会与学生进行面谈，使学生及早理解辅导员对事不对人的观念是很有必要的。当然，若辅导员发现自己实在难以接纳学生，可以考虑把学生转介给其他合适的辅导员，这也是对学生尊重和负责的表现。

四、沟通的技能

联合国教科文组织在《教育——财富蕴藏其中》中指出，通过对话和各自阐述自己的理由进行争论，这是21世纪教育需要的一种手段。对话作为一种教育方式，强调的是教育者与受教育者主体间基于平等地位之上的双向交流和理解。

心理辅导通常用两种方式作用于当事人：一种是言语表达方式，另一种是非言语行为。在心理咨询中，两种方式往往是结合在一起的。在心理辅导的过程中，如何正确辨别、选择适宜的言语表达方式和非言语行为，以达到最佳效果，是辅导者与当事人沟通的关键。

（一）交谈技术

交谈是心理辅导的基本形式和手段。但它是一种特殊的交谈，既有一般谈话的共同特征，又有其独特之处，能够有效促进当事人的良性改变。

所谓交谈技术，是指在交谈这种交流信息的过程和特殊的人际关系中，辅导者所应具备的敏感性、洞察力等能力和技巧。具体来说，交谈技术即接受、理解当事人的言语信息和非言语信息，并发出言语信息和非言语信息这两方面的技能。

心理辅导是从当事人谈自己的问题展开的，换句话说，是从倾听当事人谈问题开始的，所以，以共情理解为基础的倾听是心理辅导的基石。

（二）观察技术

在心理辅导过程中，辅导者和当事人的活动包括两个方面，即言语表达和非言语行为。言语表达既是双方交流信息、沟通感情的方式，也是辅导者帮助当事人的主要工具，然而大量的非言语行为对言语内容起着补充、修正的作用。许多非言语行为所表达的内容、情感，有时比言语表达得更多、更准确，所以在心理辅导过程中，只有将二者结合起来，才能达到对当事人的真正理解。

通常情况下，非言语行为主要包括以下 3 个方面。

1. 面部表情的观察

面部表情中最重要的是目光。辅导者的双眼看着当事人，表示辅导者对当事人的谈话感兴趣，并有支持鼓励的意味，但这种目光要亲切、自然。

在交流时，辅导者的目光大体应注视当事人的嘴到额头这个区域，而不是始终注视对方。通常情况下，当当事人倾诉时，辅导者可以多尝试视线交流；当辅导者自己讲话时，目光可以离开一些。当事人在咨询过程中，可能会回避或移开目光，或者斜视、凝视辅导者，或者根本就不看辅导者等，辅导者应该通过视线和眼神去理解当事人，推测咨询的氛围、谈话的内容，以更好地开展工作。

2. 身体动作信息的观察

辅导者和当事人的身体、手势与位置的变化在相互沟通过程中起着重要的作用。它们的变化往往能反映辅导状况的变化。例如，一个当事人古板地浅坐在椅子上，手放在膝盖上，表现出防卫的姿态，说明其相当紧张、拘束，难以接纳他人，也不愿意说出自己的心里话。

除了躯体姿势，手势也起着很大的作用。不同的手势，可能传达了一个人的焦虑、内心冲突和忧愁。例如，咨询过程中当事人两手紧绞在一起，往往表明当事人情绪紧张而难以接近。

3. 注意声音特征

声音伴随言语，有第二言语的功能，对言语起着加强或减弱的作用。在心理咨询的会谈中，较为重要的声音特征包括音强（音量大小）、音调（高低）、语速等。

通常情况下，音调提高既表明对所谈内容的强调，也表明某种情绪；音调降低也可以是一种强调，以引起听者注意，或因涉及自己或他人敏感、痛苦、伤心的事情，通过降低音调表示一种怀疑、回避。语速加快表明紧张和激动；语速变慢则有可能是因为冷漠、沮丧，或正在思考是不是要表达、该如何表达。

（三）提问技术

一般来说，促进与当事人交流的一个有效方法是提问，有效的提问可以促进心理辅导的顺利开展。提问可分为开放式提问和封闭式提问两种。

1. 开放式提问

开放式提问通常使用“什么”“如何”“为什么”“能不能”“愿不愿意”等词来发问，让当事人就有关问题、思想、情感给予详细的说明。一般来说，带“什么”的询问往往能获得一些事实、资料，如“你为解决这个问题做了些什么呢？”带“如何”的询问往往牵涉某一件事的过程、次序或情绪性的事物，如“你是如何看待这件事的呢？”而“为什么”的询问则可引出一些对原因的探讨，如“你为什么不喜欢这样做呢？”有时用“能不能”“愿不愿意”起始的询问句能促进当事人进行自我剖析，如“你能不能告诉我你为什么这么害怕黑夜呢？”

由此可见，不同的询问用词可能导致不同的结果。使用开放式提问时，应重视把问题建立在良好辅导关系的基础上，离开了这一点，就可能使当事人产生一种被询问、被窥探、被剖析的感觉，从而产生阻抗。提问是辅导的需要，而不是为了满足好奇心或窥探隐私的欲望。

2. 封闭式提问

封闭式提问通常使用“是不是”“对不对”“要不要”“有没有”等词，而回答也是“是”“否”式的简单答案。这种询问常用来收集资料并加以条理化，澄清事实，获取重点，缩小讨论范围。当当事人的叙述偏离正题时，辅导者可用来适当地中止其叙述，以避免会谈过分地个人化。

第三节　大学生团体心理辅导的过程

团体是一个有机体，处在一种持续改变的状态中。团体从开始形成到最终结束，一般都要经历几个发展变化的阶段，每一阶段都是前一阶段的延伸，又都是后一阶段发展的基础，因此团体心理辅导的运作是动态的、复杂的变化过程。

一、团体辅导前的准备阶段

正所谓“磨刀不误砍柴工”，团体形成前的准备工作是团体过程中的关键阶段，只有经过充分而扎实的前期准备，团体辅导才能顺利、成功地进行。

（一）确定团体的目标和性质

1. 确定团体的目标

为什么要组织团体心理辅导？团体的任务与功能是什么？团体的目标是促进人格成长、进行敏感性训练还是治疗性的训练？目标是否清晰可测？要达到什么结果？这些都是在组织和实施团体心理辅导之初要考虑的问题。目标不同，团体心理辅导所采取的方法和活动形式也会有所差异。

在确定团体目标前，领导者应该广泛收集各种资料，了解成员对团体的需求，参考同类型团体的方案，考虑社会文化背景等影响因素。在此基础上，确定团体的一般目标、特定目标和每次团体会面的目标。其中，一般目标是指所有团体心理辅导都具有的目标，如增进心理健康、培养与他人相处及合作的能力、加深自我了解、增加团体的凝聚力等。特定目标是指每个团体心理辅导将要达到的具体目标，如协助成员了解自己的优缺点。伴随团体的发展，每次团体会面的目标也不同，如相识、增加信任、自我探索、提供信息、问题解决等。

2. 确定团体的性质

同时，还要依据不同的标准，确定团体的性质是结构式团体还是非结构式团体，是开放式团体还是封闭式团体，是同质团体还是异质团体，是发展性团体、训练性团体还是治疗性团体等。

（二）确定团体的规模

团体的规模就是团体的大小。一个团体的大小视团体的目标、类型、成员的成熟度和领导者经验而定。团体规模较小时，成员有较多的参与和互动，容易形成亲密感。但如果规模太小，也会存在团体资源有限、团体活动欠缺丰富性、成员互动范围狭窄等问题，从而使成员感到紧张乏味、压力较大。

团体规模较大时，团体资源较为丰富，成员互动关系增加。由于匿名性较高，成员也不太紧张。但如果规模过大，团体领导者就难以关注每个成员，成员参与和沟通分享的机会较少，探讨原因、处理问题和学习技能时也容易流于表面，团体凝聚力难以建立，活动效果不佳。

就团体的规模而言，辅导型或以资讯传播为目的的团体，人数可以多一些，成长型或治疗型团体人数不宜太多，儿童团体可容纳的人数较成人团体少，其中以 5～8 人的团体较为多见。

（三）确定团体活动的时间安排

团体活动共需进行多长时间，多少天会面一次，每次会面选择什么时段、持续多久，需视团体的性质、目的、参加者的背景及领导者的经验而定。

团体活动次数太少，每次活动间隔太长，或是活动时间安排不当，都会影响团体辅导的效果。团体的期限太短，成员就无法充分参与，也难以完成团体计划的内容；团体的期限太长，则容易使人产生疲劳和厌倦。聚会间隔时间太长无法产生团体的连贯性，频率过高又会占用成员太多时间。每次团体辅导的时间若太短，则成员无法充分互动、深入讨论，而太长又难以维持团体的注意力。通常情况下，团体活动需进行 8～15 次，每周 1～2 次，每次 1.5～2 个小时。对于儿童和青少年的团体，次数和聚会的时间要相应缩短。

（四）选定团体活动的场所

环境是团体辅导过程的一部分，一个好的团体环境会使成员从中体会到尊重和关怀，也有助于他们形成区位的认同感。对团体活动场所的基本要求有：避免团体成员分心；让团体成员有安全感；有足够的空间可以活动身体；环境舒适、温馨，使人情绪稳定、放松。简而言之，就是隐秘、亲密、舒适、专注。

具体来讲，房间大小要适中，太大显得空旷，让人感觉疏离；太小让人没有心理空间，容易感觉焦虑，团体活动也施展不开。房间温度要适当，空气流通，隔音效果良好，避开干扰。座位的安排最好围成一圈，避免形成视线死角，以便进行有效的面对面沟通。椅子应选择独立、可移动且舒适的，如果条件允许，可以选择席地而坐或坐在垫子上。

（五）团体辅导的设计

确定每次团体活动的分目标，活动的内容及形式，所需时间、道具及材料等，并列出计划书。一般而言，结构式的团体计划内容应包括以下项目：团体名称；团体领导者；拟招收成员的性质、人数及筛选方式；团体活动时间安排；团体的理念与依据；团体目标；团体评估方法；团体过程表，即各次活动的单元名称、单元目标、预定进行的活动名称；团体单元计划；其他，包括团体宣传、预算、参与团体契约书、团体评估工具、其他相关资料（如活动中用到的图、表、文章等资料）。

整个团体辅导方案要符合计划的合理性、目标的明确性、操作的可行性、过程进行的发展性及团体效果的可评价性五项要求。

（六）甄选成员组成团体

1. 明确团体的目标服务对象

团体领导者在筹划团体心理辅导时，应该根据团体的目标明确服务对象。从团体心理辅导的特点看，参加团体的成员应具备以下三个条件：第一，自愿报名参加，并有改变自我和发展自我的愿望；第二，愿意与他人交流，并具有与他人交流的能力；第三，认同团体的目标，能坚持参加团体活动全过程，并遵守团体的各项规则。

2. 团体成员的招募

团体成员的招募方式有多种，可以从机构已有的名单中招募，或通过发送邮件、贴海报宣传或布告栏公开招募，或与学校、医院、青少年中心等相关组织机构或部门联络，或通过电视、报刊等加以宣传招募。

3. 团体成员的甄选

由于并非每个人都适合参加团体辅导，且参加团体的人要配合得宜才能产生积极效果，所以招募来的人还需要经过甄选才能成为团体的正式成员。通过甄选过程，领导者可以与申请者进行进一步接触，确认申请者加入团体的意愿和目的，了解其人格特质，判断申请者是否适合加入团体。同时也将团体的目的、功能、规则、内容、运作等有关问题告诉申请者，由申请者决定是否加入团体。

成员的甄选方式主要有两种，一是面谈方式。面谈是甄选团体成员的常用方式，在这个环节，领导者需要了解以下情况：①此人为何想参加此团体？②此人对自我了解如何？③此人对团体的认识如何？④此人适合团体形式的辅导吗？⑤团体辅导是否能帮助此人达到目标？⑥此人参加的意愿及可能性如何？

二是筛选书面材料。在时间和精力有限的情况下，也可采用书面材料式的筛选，即领导者设计一些问题，通过邮寄或其他方式送达申请者，请其回答；或利用测验量表和问卷选出适合团体目标者来参加。

二、团体辅导的初创阶段

团体辅导的初创阶段是指从团体的第一次会面到团体形成的这段时期。由于这是成员对团体产生认同，领导者与成员、成员与成员之间形成最初的相互关系的时期，所以特别重要，在整个团体的辅导过程中，通常是最困难与最具挑战性的时期。

（一）团体辅导初创阶段的特点

团体辅导刚开始进行时，领导者与成员都充满了期盼和焦虑，尤其是后者。互不相识的成员内心充满了两极情感：一方面，他们渴望与他人互动和交流，很想了解在团体辅导中会发生什么事，团体辅导能否帮他们达成目标，自己该做什么，团体其他成员的背景和问题是怎样的，领导者将如何指导，等等；另一方面，他们又会感到缺乏安全感、恐惧和焦虑，怕不被人接纳，故而在行为上会表现出犹疑、防卫、客气、观望、拘束、沉默而笨拙、依赖领导者等特征。

通过一些言语与非言语的交流形式，成员开始互相交往、相识，尽量寻找和别人的相似之处及共同语言。但这种交往常常是谨慎的、试探性的，轻易不会暴露自己。

（二）团体辅导初创阶段的任务

在团体辅导初创阶段，团体成员最重要的心理需求是获得安全感。领导者的主要任务是：通过各种方式催化成员之间的互动，让成员相互认识、增进了解；澄清团体辅导的目标；清楚解释领导者和成员的角色；建立团体辅导规范；营造安全和信任的团体辅导氛围。此时，领导者既是联结者，也是示范者。

（三）团体辅导初创阶段的活动

团体辅导初创阶段应选取能促进成员互相认识和沟通的游戏或活动，以缓解紧张气氛，使成员建立信任关系。在实践中，常常开展“刮大风”“找朋友”“棒打无情人”等活动，这是重要的开端，能够促使成员在最短的时间内相互认识并融入团体辅导中。

（四）团体辅导规范的建立

团体辅导规范即团体辅导的一套规则标准和行为指引，是成员通过讨论提出并严格遵守的协议约定。它既是领导者与成员之间相互尊重与配合、团体辅导活动顺利进行的保证，也是团体辅导治疗的有力工具。规范内容一般包括保密、准时、坦率真诚、彼此负责、参与原则、倾听别人表达、不进行人身攻击等，还可包括根据团体辅导的不同特点而制定的特殊规范。

三、团体辅导的转换阶段

从团体辅导最初形成到团体辅导进入工作期这段时间，是团体辅导的转换阶段。这是一段艰难的时期，如果处理不好，团体辅导可能会止步不前。

（一）团体辅导转换阶段的特点

在转换阶段，随着成员沟通和互动的增强，他们不再满足于彼此只表露“公共我”的部分，而开始希望表达真正的感受和想法，但同时又不确定团体辅导是否足够安全、可信。

成员的矛盾心理比较普遍，一方面担心自己不被他人接纳，为免受伤害而把自己包裹起来；另一方面又想放下面具，选择投入和承诺，并企图找出自己在团体辅导内的位置。在此背景下，团体辅导会面临各种防卫性的抗拒（如缺席、沉默、退缩等），经历各种控制和管理权的争夺，出现各种冲突（成员之间的冲突、成员与领导者之间的冲突）。这个过程是很有意义的，一旦经过并超越冲突，团体辅导就会进入稳定、安全、凝聚力强、参与度高的新阶段。

（二）团体辅导转换阶段的任务

在团体辅导转换阶段，团体辅导成员最重要的心理需求是被真正接纳和有归属感，领导者的主要任务包括：理解、接纳成员的负性情绪，处理成员的焦虑与期待；帮助成员意识到自己的防卫性行为与心态，并将之转化为建设性行为；澄清冲突的本质，协助成员公开地处理矛盾和冲突；直接而坦诚地面对并处理成员的挑战；创造一个安全与支持的环境；减少成员对领导者的依赖；引导成员承担团体辅导发展的责任；引导成员进一步互动，鼓励成员表达他们的真实感受，使团体内部形成更强大的凝聚力。

（三）团体辅导转换阶段的活动

团体辅导转换阶段的工作重点是团体辅导的容忍力与解决冲突的技巧。领导者要充分运用可以进行角色扮演的游戏和活动，帮助成员走出价值两难困境，解决冲突，增进信任；同时，鼓励成员谈论与此时此地有关的事情，说出内心的真实感受，积极地对他人的意见给予反馈，使团体辅导顺利进入成熟和谐阶段。例如，价值拍卖、鳄鱼河等游戏可以帮助成员认清价值观、修正信念；冰海沉船游戏可以鼓励成员相互帮助、团结合作。

四、团体辅导的工作阶段

团体辅导顺利度过以冲突为主要特征的转换阶段之后，就进入了解决成员实质性问题的阶段，即成熟的工作阶段。

（一）团体辅导工作阶段的特点

在团体辅导工作阶段，团体辅导的结构基本稳定，并形成高度的凝聚力和信任感，呈现出一种安全、温暖的氛围，找到有效的管理模式和解决冲突的方法。

成员充满了归属感，他们认同团体辅导的目标，互相接纳和关心，没有防卫地自我表露、分享和反馈，同时改变的动机更加强烈，愿意诚实而认真地探索问题和解决问题，主动利用团体辅导来达到自助和互助的目标。成员对领导者的依赖减弱，领导者由接近中心位置向边缘退移。

（二）团体辅导工作阶段的任务

团体辅导工作阶段是团体辅导和个人目标达成的时期，领导者的主要任务是满足团体辅导和个人需求，协助团体辅导成员解决问题，具体包括以下六点。

第一，维持团体辅导的良好互动，并借助工作者的示范和引导，使成员的行为与互动更为有效。

第二，协助成员在团体辅导经验中进行认知重建。

第三，帮助成员把领悟转化为行动。

第四，鼓励成员练习或试验新的行为，以期将来能扩展到现实生活中。

第五，进一步增强成员之间的相互支持和帮助。

第六，协助成员澄清问题，通过分析诊断来建立合理的目标，同时整合团体辅导资源，一起提供各种解决和评估策略并付诸实施。

（三）团体辅导工作阶段的活动

在团体辅导工作阶段，团体辅导活动的形式和内容是多样的，它们往往因辅导目的、问题类型和对象的不同而不同。有的团体辅导通过一些有趣的活动，如自我探索、相互支持、脑力激荡等活动及活动后的交流分享来帮助团体辅导成员成长；有的团体辅导主要采取讲座、讨论、写体会、写日记等形式；有的团体辅导采用自由讨论的方式；有的团体辅导主要采用行为训练、角色扮演等方法。例如，由社交恐惧症患者组成的团体辅导，通常先由领导者系统讲授社交恐惧症的知识，然后通过深入讨论，认识病情、分析原因、寻找解决对策。

五、团体辅导的结束阶段

团体辅导在解决问题、达成目标之后，也就到了该落幕的时候。但团体辅导的结束并不是一个戛然而止的时间点，而是一个动态的过程，可能是最后一次会面，也可能是最后两三次甚至更多，所需时间取决于团体辅导的性质和特点、团体辅导过程的长短、成员对团体辅导的投入程度、成员离组后的安排等因素。结束阶段也是一个艰难并需要做很多处理的过程，该阶段的团体辅导经验对团体辅导的成效具有重要影响。

（一）团体辅导结束阶段的特点

到了团体辅导的结束阶段，由于分离在即，成员的感受是矛盾的：一方面，他们具有一些积极正面的情绪体验，如感受到团体辅导的温暖、真诚和信任，经历了个人的成长，热切期待在未来生活中实践在团体辅导中学到的东西等；另一方面，成员也容易产生消极负面的情绪，包括对团体辅导的依依不舍，被抛弃、失落的感觉，对外面世界的担心、否认、逃避和行为倒退等。

同时，团体辅导结构也变得松散，团体辅导的影响力和团体辅导规范的约束力也都逐渐减弱，团体辅导内的互动频率和强度降低，有些成员为减少分离对自身的伤害而逐渐抽身，不再投入感情，或选择提前退出；有些成员开始将部分精力转向外界，为适应现实生活做准备。当然，也有一些团体辅导会一直维持严谨的结构直至解散。

（二）团体辅导结束阶段的任务

在团体辅导结束阶段，成员要对自己的团体辅导经验作出总结，并向团体辅导告别。为使团体辅导画上一个圆满的句号，领导者需要做好以下工作：了解和处理成员的分离情绪，为分别做好心理准备；认真总结整个团体辅导过程中得出的经验，并协助成员作出个人的评估；协助成员维持和巩固在团体辅导中的学习成果；协助成员将所学的东西应用于现实生活，使改变与成长继续；处理未完成的工作，安排跟进工作；评估团体辅导效能。

（三）团体辅导结束阶段的活动

在团体辅导结束阶段，常采取的活动有以下 6 个。

①了解和处理成员分离情绪的活动：调动团体辅导成员的情绪，鼓励他们将内心的感受充分地表达出来，让成员认识到团体辅导结束的、正面的、积极的意义；引导成员对以后的生活作出妥善的安排，将视线投向对未来生活的美好憧憬。可以用“明天会更好”“我的未来愿景”“递纸条”等活动进行告别仪式。

②保持成员的变化，巩固已习得技巧的活动：模拟练习；肯定正面感受；寻求外部资源支持，做好跟进工作；鼓励成员独立。

③协助成员将所学应用于现实生活的活动：带领大家讨论将来可能遇到的各种事件，释放成员对未来的担忧；制订切实可行的行动计划，提前适应外部情境，完成从团体辅导内到团体辅导外的有效过渡。

④处理最后的离别活动：讨论、分享愉快的经验感受；协助成员回顾他们在团体辅导中取得的成果；以欢送会、总结会、联谊会、反省会、大团圆等形式结束；祝福与道别；提醒保密；收集意见。

⑤为走进现实生活做准备的活动：共同计划离组后的安排，寻找适当的资源，协助成员面对不支持的环境，协助成员锻炼独立解决问题的能力。

⑥团体辅导结束阶段的评估活动：主要是结果性评估，包括领导者自评、成员自评、观察员或督导的评估三个方面。其中，领导者自评着重在领导内容和领导过程两个方面，成员自评着重于团体辅导目标实现情况、成员在团体辅导中的感受、团体辅导效能等方面，观察员或督导的评估着重于对成员的观察评估和对团体辅导效能的评估。常用的方法有问卷或评估表、面谈、领导者的团体辅导记录、心理测验或量表的前后测比较。

团体辅导有时会因一些困难和问题而出现不得不提前终结的情况，如成员对团体辅导失去兴趣、成员间产生不可调和的纷争、某些成员或领导者因故离开团体辅导等。这时，必须考虑周到、合理处置，以防突然结束给团体辅导成员带来新问题。

第四节　大学生团体心理辅导中的领导

一、领导的含义

从团体动力学的角度来看，领导是指拥有一定权力和地位的个人或集团，通过自身的作用，指引和影响他人或组织，在一定条件下实现某种目标的行为过程。它包含两个层面：其一是领导过程，其二是执行某些职能的领导者。

其一，领导过程。领导过程是领导者、被领导者及团体环境三者的函数。领导者组织、运作团体，激发成员的能力，改变成员的观念、价值与行为模式，而团体的气氛、成员的行为和动机也会影响领导者的行为，因此这既是一个相互影响和交换的过程，也是一个追寻目标、完成转变的过程。

其二，领导者。领导者既是对成员和团体具有影响力的人，也是领导过程的关键。通常团体中会有一位或两位受过专业训练、有足够能力的领导者。他（们）通过权力的影响力和非权力的影响力带领团体朝向一定的目标发展，在规划远景和评价工作中体现其影响力。领导者的主要职责包括：注意调动团体成员的参与积极性，鼓励成员相互交流；适度参与并进行引导，始终把握引导团体活动朝向团体心理辅导目标方向发展；当成员对某些现象难以把握或对某个问题分歧过大而影响活动顺利进行时，提供恰当的意见和解释；营造温暖、理解、同情、安全的氛围，使成员之间互相尊重、互相接纳、互相关心。

二、团体领导者的素质要求

团体活动的成效取决于领导者和团体的互动效果，要想成功地领导团体，领导者就必须达到许多要求。这些要求可以概括为以下四个方面。

一是在自我关系方面：具有个人的安全感；清楚了解个人的价值观；有健康的自我形象，具有敏锐的自我意识，认识自己、接纳自己、自爱自信；自我肯定、自我尊重和自我欣赏；个人的协调和表里一致；愿意接触和面对个人的需要；具有成长的取向，不断拓宽自己的视野，不断探索自我。

二是在人我关系方面：喜欢他人；真诚关怀他人；与人相处时，处处尊重、信任他人；能对他人的情感、反应、情绪、言语产生同感的能力；善于表达情感，有建立良好关系的能力；灵活、温和，开放坦诚；客观、诚实、值得信赖；耐心和敏感；在权威的位置上感到舒适，对自己的领导能力有信心。

三是在知识能力方面：团体领导者必须具有人类行为科学的基础，对于基本的人性冲突和两难困境（如罪恶感、自我价值、爱情关系等）有全面的理解和妥善的处理方法；熟练掌握辅导理论和实务技巧（如理性情绪行为疗法、现实疗法、行为疗法等）；了解关于辅导活动主题的知识，并可以应用知识去刺激讨论、澄清问题或交流观念；具有计划与组织才能，能够以一种团体感兴趣并具备个人价值的方式计划一次会面或一系列会面；具有与人交往的丰富经验，能够理解团体中不同的人等；具有个别辅导的实务经验，能同时针对个人和团体实施辅导。

四是在其他积极特质方面：有活力、肯尝试新事物、有勇气、肯付出、自信、有主见、有创造力、负责、乐观、敬业和情绪稳定。

三、领导团体的基本技巧

（一）反应的技巧

对于成员发出的信息，领导者要感受敏锐、反应恰当，这样才能促进团体关系的建立，鼓励成员表达，并推动成员自我探索。

1. 积极倾听

领导者通过生理、心理的专注与倾听，主动接收成员传递的言语与非言语信息，以掌握成员真实的想法与感受，同时营造尊重与信任的氛围，鼓励成员自我开放和自我探索。

2. 澄清

当成员传达的信息不完整、模糊或过于复杂混乱时，领导者可通过澄清来掌握成员言语背后所隐含的情绪和思考的本质，特别是成员内心涉及的混淆、冲突和无知，协助成员更具体、更清楚地表达意见，整理出问题或困扰的焦点。

3. 摘要

当成员间的互动发展到一定阶段，或每次团体聚会结束时，领导者可将集聚的材料和观点以精辟简洁的语言进行梳理和总结并反映到团体中，以便于把握重点和记忆，从而给团体提供稳定感和意义感，引导团体的方向，避免团体过程陷入杂乱无章或零碎分散的讨论。

4. 同理

领导者要进入成员的内心世界，设身处地地去体会成员的感觉、需求、经验和想法，并通过简述语意和情绪反应将这种了解和察觉传达给成员，使成员感到被接纳和被了解，进而更加信任领导者并愿意继续自我探索。这要求领导者放下自己的参考框架和文化背景，尽量做到价值中立。

（二）互动的技巧

互动技巧可给领导者提供控制和引导团体交互作用的手段，促使互动更有成效和建设性。

1. 催化

领导者通过一系列的带领活动，协助整个团体及成员与成员之间进行明确而直接的互动，从而疏通团体沟通的障碍，发展出有效的团体动力。催化团体的具体方式有：营造安全和接纳的氛围，使成员相互信任；协助成员表达其担心、失望、恐惧等负面情绪；鼓励成员公平地表达矛盾和冲突；邀请成员参加活动；减少成员对领导者的依赖，鼓励成员自我开放；当成员分享时，协助其他成员给予支持；适当运用团体热身活动。

2. 联结

领导者有意识地组织成员的信息，特别是成员未觉察的片段信息，有技巧地将成员共同的感受或意见加以衔接、产生关联，以增加彼此的认同感，提示成员重新检视个人的看法和经验，使探索、互动更有意义。

3. 反馈

领导者应基于自己对成员行为或成员之间互动的观察和了解，适时地作出具体而诚实的反应，也可邀请成员给予反馈，目的是增加当事人的自我觉察，协助所有成员更加自我开放，并在团体中找到支持和力量。

4. 支持

当成员表达意见、团体动力出现正向或负向发展，特别是成员在分享个人内在深层次感受、探索痛苦的经验、尝试需要冒险的行为时，领导者应适时给予支持，营造和谐的团体氛围，解除当事人的焦虑和担心，激励其增强自信、继续探索，并产生学习迁移和人际示范的作用。

5. 解释

在团体动力已形成、领导关系已建立、对问题有了充分了解或获得足够资讯后，领导者可针对成员的一些行为、思想或语言的表述用试探性的方式提供可能的解释和说明，以化解僵局，促进团体动力的发展，刺激成员自我探索，引出新的观点和思考方向。

6. 设限

领导者设定好界限，规范团体共同行为和个人行为，给予团体一种结构和方向，使成员的行为有所遵循，进退有据，以有效地运作团体，避免逾越或偏离目标。

7. 保护

为使成员免于不必要的身心伤害、批评或攻击，领导者要随时觉察团体中的各项危机，并采取必要的安全性反应。如某一成员被不公平对待时，领导者可介入保护。当然，保护也不应过度，以免影响团体的互动等。

8. 阻止

当成员出现长篇大论、喋喋不休、询问过多的问题，否定团体规范，攻击他人，不当支持，泄密，侵犯隐私等行为时，领导者必须敏锐、温和而又坚定、直接地以言语或非言语行为加以制止，有效遏制不利于成员和团体发展的有害行为。

（三）行动的技巧

行动的技巧用以推动领导团体的进行方向，协助成员采取行动、解决问题与困扰。

1. 目标设定

领导者要协助成员确立具体、可行、有意义、能评估的目标，配合团体动力的发展，制订阶段性的目标，以利于成员聚焦在团体中的行为，并把握好团体的方向。

2. 发问

领导者使用开放式语句有选择性地探询成员的感受、经验与行为，以协助成员考虑个人观点和某些事先未想到的事，引导其对自己行为的内涵与成因做自我探索。

3. 对质

领导者在适当的情形下，对成员的行为、经验、情感等不一致的情况直接发问或提出疑义，挑战成员否认、逃避、矛盾和自我破坏的行为，以促进其更诚实地面对和探索自己。对质是一种以关心为基础的、建设性的挑战，而不是惩罚，但由于它具有一定的压迫性，因此使用时应注意：对质必须是在关系建立之后；对质时要体现关怀、尊重，表现助人的意愿；对质要具体、正确；对质强调此时此刻，不是翻旧账；对质必须对成员有足够的了解，避免领导者个人的成见。

4. 自我表露

领导者在适当的时机刻意并有建设性地进行自我表露，让成员分享个人类似的经验、感受与看法，不仅可以使相互的关系更真诚、更密切，而且能为当事人的思考和行动提供依据，从而整合出自己的方法或模式。

第五章　大学生心理健康教育的多元发展

大学生心理健康教育的多元发展涉及以下 7 个方面。

①重视心理健康教育课程的开设，以培养大学生良好的心理素质；

②注重个体差异，提供针对性的心理辅导和咨询；

③强化心理健康教育与思想政治教育的融合；

④拓展网络心理健康教育渠道，如线上课程、心理测试等；

⑤加强心理健康教育师资队伍建设，提高教育质量；

⑥鼓励大学生参与心理健康宣传和教育活动，提高自我心理调适能力；

⑦促进跨学科研究，深入探索大学生心理健康教育的规律。

总之，大学生心理健康教育的多元发展旨在满足大学生心理健康需求，提高大学生心理健康水平，为培养具有全面素质的人才奠定基础。本章着重对大学生的网络心理、就业心理和生命教育进行阐述。

第一节　大学生网络心理的调适

随着网络技术的提高和互联网的普及，网络已成为大学生学习生活的重要组成部分。网络既对大学生的心理、行为及日常生活产生积极的影响，也常常引发各种问题，如网络成瘾等。大学生应防微杜渐，注意培养选择和辨识的能力，科学、规范地参与网络行为，及时调整不良心态，保持虚拟网络与现实环境中的人格统一。

一、进行自我心理的调适

（一）树立正确的道德观念与是非标准

网络能够提高人们信息获取的效率，丰富彼此交流沟通的形式，增加休闲娱乐的方式，但纷繁复杂的信息，对大学生的接受能力和判断能力提出了考验与挑战，容易造成大学生的思维混乱和观念模糊，干扰大学生的价值判断和价值取向。

大学生需要坚定理想信念，制定正确的奋斗目标，树立正确的世界观、人生观、价值观，掌握分析问题和解决问题的科学方法，明辨是非，分清善恶，不断增强自身抵御网络环境负面影响的能力。

（二）养成科学正确的用网行为

大学生要对自己的行为负责，防止沉迷网络，上网要有目的性和节制性，切忌盲目性和随意性。从网上汲取知识是大学生活的重要组成部分，是顺应时代发展和社会进步的必然要求，但关键是要根据学习要求和作息规律合理地安排上网时间，养成有计划、有目的、有节制上网的好习惯。当代大学生要有高尚的情趣，以学业为主。

上网应该是为了更好地学习科学文化知识，而不是把上网作为逃避现实生活问题或消除自身消极情绪的工具。大学生的课余活动应以提高自身身体素质和心理素质为方向。

大学生对理想的追求应具体体现在现实活动中，而不是体现在虚拟的网络世界中。大学生应将个人奋斗与社会的发展结合，并具体落实到学习和生活中。大学生只有养成良好的用网习惯，才能正确地使用网络，通过网络获取自己需要的资源，准确地把握自我，规划自己的未来。

（三）加强自控力的培养

对个人而言，只有自律才能充分体现自信、自尊，并享有自由、自主。在如今这个网络时代，由于信息量巨大，各种文化与价值理念交织纷纭，各种诱惑比比皆是。网络虚拟空间是一个充满自由的多彩世界，在缺乏较强他律，甚至几乎感受不到直接、明显的他律影响力的网络虚拟社会，大学生会因认知偏差或侥幸心理而产生心理困惑与矛盾，这时自律就显得尤为重要了。

基于此，大学生应当更理性地对待生活中的一切困难，不是任性地放纵自己、回避问题、逃避困难，而是要加强对自身心理控制力的培养，以道德化的网络正常运用取代肆意滥用网络的行为，做一个具有良好心理品质和自我控制力的优秀大学生，养成良好的慎独习惯。

（四）积极参加社会活动，逐步摆脱对网络的依赖

大学生大多时间都是在教室中上课，活动范围也是在校园中，与社会接触不多，导致大学生缺乏对社会生活的感知。在大学时期，学生除了学习文化知识，还要学会与人交往，学会培养自己的人际交往能力。

大学生会通过网络和他人建立交往，但是网络交往停留在虚拟空间，在此种情况下建立的人际交往关系既薄弱又缺少真实性，难以和现实交往相比。

因此，大学生在热衷网络交友的同时，也要提醒自己不要忽略实际生活中与朋友相处的时间，学会区分虚拟社会与现实社会的不同，积极地投入现实的学习生活中。要勇敢地面对现实世界，积极参加丰富多彩的课余活动，积极参加增强人际关系沟通技巧的课程或活动，提高自己的沟通能力，并增进自身在人际沟通方面的自信，多方面拓展人际关系圈，形成健康的人际关系。要学会在现实中寻找帮助和支持，调整自己，保持网络世界和现实的平衡，充分体会现实世界的美好，多参加实践活动，在活动中陶冶情操，并从中得到支持和帮助。

（五）主动寻求心理咨询机构的帮助

一些有网络成瘾倾向的大学生心理负担过重，容易敏感、退缩和逃避，往往不愿意主动寻求他人或心理咨询机构的帮助。因此，大多数网络成瘾的大学生是被教师和身边的同学发现后，才到心理辅导中心接受咨询的。

事实上，有网络成瘾倾向的大学生从心理咨询机构获得帮助是克服网络成瘾的有效途径。因为心理咨询人员会根据这类学生的网络成瘾程度，从专业角度有针对性地采取必要的心理咨询和治疗措施。例如，对求助者开展认知行为训练，或者采用现实疗法等一系列方式，使求助者面对现实，从而学会如何逐步解决自身的困扰。因此，有网络成瘾倾向的大学生应当勇敢、积极、主动地面对自己的问题，做自己的主人，而不是逃避、退缩。

当然，除了大学生本人以外，家庭、学校、社会也应该加大力度为大学生创造良好的信息网络环境，让网络为大学生的成长助力。除了营造健康的校园网络文化以外，还要引导大学生树立正确的网络意识。面对复杂的网络信息，使其能够有能力自主选择对自己有益的信息，拒绝不良的网络信息，这不仅对校园网络文化有利，也对整个社会的网络氛围有利。

二、重视家庭教育

家庭是孩子的第一所学校，父母是孩子的第一任老师。家庭教育是影响大学生网络心理的一个重要因素。家庭教育不仅是学校教育的基础，更是学校教育的补充，但现实中人们往往重视学校教育而忽视家庭教育。大学生的网络心理教育也应该重视家庭教育，使其成为学校教育和社会教育的延伸和有益补充。

（一）创设情感丰富的家庭环境

父母对子女的影响是终身的，父母不仅要给予子女物质上的保障，更要给予子女精神上的引导及情感上的支持，避免由于家庭不和谐等给子女带来心理上的压力。

学生进入大学后，突然脱离家庭环境，情感上与父母一时难以割舍，所以，父母要充分利用和孩子相处的时间去了解孩子的真正需求，尊重他们的个人选择，采取民主的沟通方式，做到理解而不溺爱、民主而不放任、疏导而不压制，争取和孩子做朋友，和孩子谈心，给孩子树立一个乐观、积极的榜样。

（二）建立有效的家校互动机制

家庭教育是基础，学校教育是重点，因此在对孩子的教育上，要加强家庭和学校的沟通。此时，学校就可以利用自身的网络平台与家长进行沟通。学校理应让家长了解学校的发展变化，参与学校的建设，将大学生在学校的思想、学习、生活等情况告知家人；家长也应把孩子在家的表现、动向及时向学校反馈。这样可以促进学校和家庭更加充分地了解和把握大学生的思想动态，从而有针对性地调整教育的内容、方法和手段。

学校应主动建立有效的家校互动机制。学校有着独特的教育属性，计划性和制度性较强；而家庭教育则与之不同，相比学校教育，家庭教育亲密性更强，自由性更高。学校可以组织相关活动，邀请大学生家长入校了解学生的情况。

开展家庭教育讲座，聘请有经验的家长，解答其他家长与孩子相处的困惑，让父母和孩子有更好的家庭关系。每个大学生的成长环境各不相同，父母的文化水平也不同，教育方式更是千差万别，学校可以根据不同的实际情况来开展多种类型的教育项目。例如，以家庭为单位成立互动讨论组，定期开展主题活动，结合有讨论价值的家庭教育及互动关系问题，让家长和学生在小组活动中交换观点，促进彼此了解，从而引导和培养学生形成正确的世界观、人生观、价值观，促进家长更进一步地理解学生。

（三）提升大学生的实践能力

家庭教育除了教孩子知识以外，更重要的是教他们如何与人相处，在面对问题时应该如何处理，如何更好地生活。大学生有着独特的性格特点、生活方式和爱好，家长应该鼓励大学生勇敢、大胆地实践，经过实践使其自身能力得到锻炼。只有这样，在他们面对困难和逆境时，才能够妥善处理，养成独立自主的精神。教育活动能够提高学生的实践能力。学校应设立多种主题的教育活动，让大学生可以和家人一起参加，在活动中运用自己所学知识，积极融入并主动与人交流，在实践中提高自身的适应能力、组织能力、人际交往能力和社会活动能力。

三、优化大学教育环境

在当前由应试教育向素质教育转轨的过程中，心理健康教育占据着极其重要的地位。家庭教育固然重要，但当学生步入校园后，学校教育就开始在大学生心理健康教育中起着重要作用。学校应从课程设置、师资队伍、校园文化环境等方面有针对性地开展大学生心理健康教育。

（一）建立高素质网络心理健康教育工作队伍

建立一支素质较高的网络心理健康教育工作队伍是提高网络心理健康教育实效性的人员保证。网络心理健康教育工作队伍应该熟悉和掌握大学生心理健康的现状和发展规律，要有较高的心理健康教育理论水平；此外，还需要及时跟踪网络资讯，了解网络发展的实际情况，熟悉网络技术，确保网络心理健康教育能够在大学有效开展。因此，可以培育一支优秀的心理健康教育工作队伍，从大学生心理健康的特点入手，利用网络技术及学生感兴趣的网络文化，让大学生能够接受心理健康教育。

（二）成立网络心理健康教育管理和领导小组

大学的一些职能部门参与网络心理健康教育管理工作，成立网络心理健康教育领导小组，是提高网络心理健康教育实效性的组织保证。大学开展网络心理健康教育要设置相应的网络心理健康教育管理的职能部门，成立网络心理健康教育管理和领导小组，加强在线心理健康教育的推进。

除此之外，必须指派专职人员参与学习和培训，建立对应的学习管理制度。同时，要扩大资金投入，开设网上学习场所，提高网上心理辅导培训的效率，贴近学生生活，努力提高网络心理健康教育的成效，发展好新时代背景下的大学心理健康教育。

（三）健全校园信息网，对学生进行正确引导

建设和完善校园信息网络，正确引导大学生上网，使其获得有价值的学习资源。搭建一个符合学生需求的网站，提供大学生可以下载使用的最新软件，可以在网页中上传学校的宣传内容，让更多的学生看到，获得良好的宣传效果。

除此之外，学校还可以考察其他网站，将一些优秀网站推荐给学生，引导大学生正确上网。与此同时，为了增加学生的专业学习资源，可以在校园网中搭建更权威的专业学术网站，向学生推荐内容实用的学术知识，这样做有利于学生学习专业知识。

不仅如此，还应该加快教育软件的开发，加强网络技术对教育的应用，以网络培训代替部分课程，创新教学方式，提高学习效果。学校教师要积极使用在线教育，了解在线教育的有效性，并通过在线学习的方式为学生提供更多有价值的学习信息。例如，教师可以在互联网上发布教育讲义，利用互联网的即时性特点加强师生之间的联系，这样既可以加强师生的情感交流，又可以提高大学生的学习兴趣，一举两得。

（四）重视网络新技术，为大学生心理健康教育服务

在信息迅速发展的时代，网络技术对于网络心理健康教育的发展非常重要。在网络心理健康教育发展的道路上，网络技术是支持其发展的运行机制。不容忽视的是，网络技术的进步也给在线心理健康教育带来了新的挑战。因此，大学心理健康教育工作者必须直面这一挑战，加强自身对网络技能的学习，熟悉网络知识，并开展形式多样、生动活泼的心理健康教育活动。

在此基础上，心理健康教育工作者要善于利用新技术为大学生网络心理健康教育服务。各种信息软件的普及，如微博、微信等，使每个心理健康教育工作者都具备在网上建设教育基地的能力。目前，各种网络心理健康教育活动都依赖于网络技术才得以开展。由于各种技术手段对大学生发挥的作用不尽相同，学校教师有必要根据大学生成长的需要，加强研究，深入发展网络技术的相关概念，为大学生网络心理健康教育提供技术保障。

第二节 大学生就业心理的辅导

一、大学生就业心理与职业发展规划

（一）分析与调适大学生就业心理

1. 分析大学生就业心理

大学毕业生就业的成功，不仅取决于其专业能力、道德素养、文化素养等方面，也取决于毕业生的就业心理状况和心理调适能力。

（1）影响大学生就业心理的因素

大学生就业心理指的是毕业之前及毕业之后大学生因就业问题而产生的一系列心理活动，大学生就业心理主要受到主观因素和客观因素的综合影响。

①主观因素。

第一，大学生的生理状态和心理发展。大学毕业生的身体已发育成熟，但心理状态并未达到成熟水平。在生理上，雇佣机构对应聘岗位的应聘者的性别、身高、健康状态等有某种程度的要求，职业所具备的一些特性也或多或少地对就业者的生理条件有所限制。因此，生理因素在较大程度上影响着就业，也会对求职者的心理产生影响。在心理上，评定一个人的心理发展水平，可以从认知、情感、意志三个方面入手。心理发展水平将会对个人的业务能力和业务效果产生直接的影响，因此受到雇佣机构的高度关注。一些雇佣机构还会对应聘者进行心理测试，以此来选择满足岗位要求的就业者，由此反映了就业心理的发展水平。

第二，大学生的人格特征。人格特征即个性，在生活实践中往往能体现出来，在他人看来是稳定的、具有一定方向确定性的、个人心理特征的总和，具有与他人不同的心理状态和心理特征。人格贯穿人的一生，并影响人的一生。正是人的

人格特征所产生的需求、动机、理想、信念、世界观和兴趣引导着人们生活的方向和道路。不同的人格特征决定了不同的职业偏好。毕业生的择业心理和行为表现多种多样。有的毕业生想过稳定的日子，找稳定的工作；而有的毕业生则更愿意自己创业。

第三，知识结构。知识结构是指求职人员的知识系统与求职人员自身之间的关系。知识结构对个人能力的形成影响巨大。当今社会越来越智能化，技术迅猛发展，许多产业都逐渐实现了一体化，因此职业需求大多指向综合型人才。换言之，从业人员应该了解更多领域的知识，让知识结构更加宽广，层次更加丰富。

大学生在学习过程中，除了要了解、学习与本专业相关的知识和技能，还要掌握一些本专业之外的知识和技能，这样才能应对当今高速发展的社会和多变的人才需求。丰富的知识能力、过硬的动手能力和合理的知识结构能够帮助大学毕业生顺利就业。由此可见，大学生的知识结构会直接影响自身就业，是就业成功的关键因素。

②客观因素。

第一，社会环境的影响。人在社会中或多或少都会受到社会环境的影响。不同社会环境会对人造成不同的影响，而影响社会环境的因素有社会风气、社会经济发展等。当今社会，市场竞争更加激烈，这既是挑战也是机遇，为毕业生提供了更广阔的选择空间，更有利于毕业生就业。从某种程度上讲这样的环境更加公平、公正、公开和自主。近年来毕业生人数呈直线上升趋势，经济的发展促使不同行业产生了不同的人才需求，大学生要客观理性地看待，积极应对，但也不能放松警惕或太过紧张。要保持健康的心理，充分地了解、分析社会，面对不同的情况要积极采取措施，以达到适应不同环境、成功就业的目的。

第二，学校教育的原因。大学不仅重视职业教育，还提供全面、高质量的社会化教育。学校负责使学生在大学课程中得到社会化的教育和培养。学生在此过程中获得生活经验，并在自己的学习和理解下进行社会生活与实践。在这个过程中，学校的校风及教学模式对大学生有较大的影响，对毕业生的就业心理也会产生微妙的影响。

第三，家庭教育的原因。家庭是社会的基本单位，父母是孩子的第一任老师。家庭的教育方式和父母的价值观都会直接影响学生的心理状况和发展。当毕业生被雇佣时，就业情绪可能受到家庭因素影响。此外，父母的态度对毕业生的就业态度有显著影响。

（2）大学生的就业动机分析

工作动机能够影响个人对工作的选择。如果一个人选择了一份工作而没有选择其他工作，或者一个人选择了在这个城市工作而没有去其他城市工作，那么致使这个人作出这种选择的最大原因就是个人的就业动机。所以，对于就业心理来讲，核心的问题就是就业动机。一般而言，影响个人就业动机的原因主要是工作本身具有的社会重要性、工作的经济报酬、工作地点、工作强度及个人和工作之间的匹配程度。具体而言，体现在以下 5 个方面。

①找专业对口的职业。大多数毕业生在选择职业时，第一选择都是与自己专业相关的职业，能够运用所学知识是毕业生的普遍心理。在他们看来，与专业相关的职业可以缩短调整时间，充分发挥自身才能，并促进自身成长。

②找一份稳定的工作。传统的劳动管理制度影响了人们对就业的态度，没有稳定性就没有安全感，所以一些大学毕业生放弃了一些较好的就业机会，而是选择了报考公务员、进入事业单位或大中型企业。当然，随着社会的发展和人们观念的改变，一些大学生在考虑工作稳定性的同时也会选择与自身发展有关的职业。

③去经济发达地区。经济发达的地区工作机会较多，工资相对较高，就业市场相对规范。因此，许多大学生的就业目标地点是经济更发达的地区。

④注重经济待遇。在市场经济环境下长大的大学生对经济问题较为敏感。大学生属于刚刚脱离父母的群体，面对需要自己生活这一问题时还较为懵懂。如果大学生没有一定的经济基础，就无法在社会上更好地生活，因此大学毕业生在选择工作时会着重考虑经济待遇。

⑤奉献社会，培养自己。一些大学毕业生在面临职业选择时，放弃了良好的工作环境和职业生活，选择去支持西部建设，或在基层、生产的前沿作出贡献。这些毕业生就业的动机是为国家服务、为社会作出贡献，他们是大学毕业生的榜样，展示了新的精神面貌。

2. 大学生就业心理表现

大学毕业生的就业心理表现形式各不相同，是由于他们的就业动机多种多样，动机又与他们自身的实际情况相联系。大学生具备的积极就业心理主要体现在以下两个方面。

（1）乐观自信

有些学生能够客观地认识和评价自己，有明确的就业需求目标，这是准确分析和支持社会就业形势与社会需求的有效途径。这类学生能够有效地避免自身缺点，发挥优点，碰壁时不气馁，并且能积极收集就业信息，找到满意的工作。

（2）有竞争的勇气和风险意识

一些毕业生可以适应刚毕业时的就业形势，并明白就业市场的竞争是不可避免的；要提高自身的工作竞争力，就应不断丰富和完善自己在各个领域的能力，并积极参与社会活动和学校文化活动。其中，相当数量的毕业生既具有竞争力又具有冒险精神，他们不认为稳定是最好的选择，希望获得具有充分竞争力的专业职位。这类职业虽有一定的风险，但有利于毕业生今后的职业发展，也有利于体现毕业生的价值观，因此，深受毕业生的喜爱。

除事业单位和大型国有企业外，毕业生也倾向于选择具有充分竞争力的行业来自主创业。

现如今人才竞争十分激烈，毕业生必须满足社会发展的需求，千万不能脱离现实，要与时俱进，寻求独立，有强烈的自信，不能自卑，要发挥自己的优势，来满足社会的需要。面对自己的缺点，要接受而不能逃避，通过双向选择追求理想的工作和生活。

3. 大学生就业心理准备

面对就业，应届毕业生应积极做好准备，包括专业知识和专业能力的准备、职业道德责任感的准备及心理准备。此外，要以积极的心态面对就业挑战。应届毕业生在就业时需要在众多的工作岗位中选择适合自己的，能够满足自我发展、提升自我价值的岗位。

当今时代发展迅速，大学生入学前的专业就业形势和毕业时可能会有不同，专业可能由热门变冷门或者由短线变长线等，这些原因都可能导致其求职信心受挫。因此，毕业生要有相应的心理准备，冷静思考，正确分析自己的求职地位，主动改变自身想法，积极贴合社会需求，及时调整心态，寻求适合自己的职位，顺利就业。

应届毕业生就业时缺乏相关就业经验，而且就业市场竞争非常激烈，这导致许多大学生在就业求职的过程中，感觉压力巨大、情绪波动起伏、焦虑，就业给他们的生活和学习带来了困扰。为了使大学生度过就业转折点，应该帮助大学生进行心理建设。应届毕业生的心理建设应该从以下 7 个方面入手。

（1）做好角色转换的心理准备

就业对于大学生而言是一场角色转换，是由单纯的学生身份向社会在职人员角色的转换。学生时代生活相对规律、状态相对稳定、生活也有保障，学生时代中稳定从容的环境容易带给大学生美好浪漫的错觉。然而，社会是残酷的，尤其是当代大学生就业竞争激烈，面对生活环境的突然转变，如果大学生继续沉浸在大学生活的美好幻想中，就难以应对就业的激烈竞争。所以，大学生需要做好角色转换的心理准备，在毕业的转折点上及时调整心理认知，保持清醒的头脑，认清社会就业现状，并且运用学生时代所学的专业知识与技能，满足相应的社会需求，寻找适合自己的职位。

在大学时期，学校应该提前对大学生进行心理预设，让他们知道大学生也是社会上的普通一员，大学是为了积累知识、储备技能，是为了满足将来社会工作的需要。这样有助于大学生在毕业时及时做好角色转换准备；有助于大学生全面认清自己的社会身份，积极努力地择业，投入社会工作人员的队伍中，为国家建设贡献自己的力量。

（2）做好正确认识自我的心理准备

大学生还应该进行自我认知，充分了解自己的特点。根据自身的性格、喜好、特长、知识储备、技能储备，选择适合自身发展的职业，充分发挥自己的长处。

可以通过科学心理测试对自我进行科学有效的认知；此外，与教师、朋友、父母交谈，教师、朋友、父母给予个人的客观评价也是自我认知的渠道。正确、科学、有效的自我认知可以帮助应届毕业生更好地进行就业选择。

（3）做好认识和评价职业的心理准备

大学生在就业时应该正确认识和评价职业。人和职业之间具有双向选择性，人需要根据自己的特长选择擅长的职业；职业也要求求职人员具备相应的工作能力。应届毕业生需要对不同的职业有一定的了解，寻求与自身特征相匹配的职业，需要根据自身的特点寻求适合发挥特长的职业。

（4）做好充分认知就业形势的心理准备

大学生在就业前应该充分认识就业形势。随着教育的普及，教育越来越大众化，就业形势日趋严峻，竞争激烈导致大学生相对过剩现象，相对过剩反映的是大学生的需求不平衡，具体表现为在边远地区或者基层单位急需受过高等教育的人才，而在大城市就业岗位竞争激烈，人才过剩。应届毕业生应该了解就业形势，并做好求职遇挫的心理准备，热爱祖国、乐于奉献、不计回报的大学生可以根据边远地区及基层单位的需要，投身于基层工作或边远地区服务工作，实现人生的价值。

（5）做好自主择业的心理准备

应届毕业生应该做好自主择业的心理准备。在就业前，大学生活平稳安定有规律，还有教师的指导及父母的帮助，大学生并未真正独立。在面对就业选择时，大学生可能会感到迷茫和缺乏自信，这种依赖他人的行为会导致用人单位对其缺乏委派工作的信心，进而导致就业选择的失败。因此，大学生在就业时一定要做好自主择业的心理准备，要相信自己，并充分利用自己的特长，选择适合自己的职业。

（6）做好遭遇挫折的心理准备

应届毕业生应该做好遇挫的心理准备。现如今就业形势严峻、竞争激烈，在竞争的过程中，有成功者就会有失败者，所以在求职的过程中，大学生可能会产生三个方面的心理问题。

一是产生迷茫心理。在就业选择时，自己的专业与职位需求吻合度低，大学生会对未来的职业发展产生迷茫心理。

二是产生逃避心理。在就业求职过程中，大学生发现用人单位对职位的知识水平及技能储备要求较高，而其自身知识技能达不到所要求的水平，会产生对就业的逃避心理。

三是产生消极心理。大学毕业生对求职过程中遇到的不符合规定、不符合常理的现象无法理解，会对就业产生消极心理。

以上问题的产生是由于大学生心理准备不足，因此在就业之前应该做好心理准备，了解可能遇到的问题，在遇到困难时勇敢面对，不畏惧失败，最终走向成功就业。

（7）做好就业期望值与现实有差距的心理准备

应届毕业生应该准备好应对职业期望与现实差距之间的落差。应届大学生的大学生活向来平稳有规律，过于平稳的成长环境给大学生造成浪漫理想的感觉，让他们自然而然地认为社会也是一帆风顺的。他们怀着理想的愿景走向社会，希望在社会平台上奋发前进，实现自己的人生价值。理想本身没错，但是初入职场的大学生缺乏职业意识和工作经验，可能会在工作过程中受到领导或同事的指正甚至批评冷遇，进而造成心理期待与实际情况的落差，失去心理平衡。对于此种情况，沉着冷静的大学生可以主动分析原因，寻找自身不足，突破自己，不断进步；但也有学生认为自己受到不公平待遇，愤然离职。

应届毕业生需要平衡就业期望与现实之间的差距，做好心理准备。就业是一个崭新的开始，需要每个大学生努力积攒工作经验，以自己的实际行动获得职业成就感。在工作中遇到挫折时，要以积极的心态面对，不断努力向前辈学习以突破自己、提高自己。在就业前，建立一定的就业意识，可以帮助大学生更好地发挥就业主观性。

①树立积极主动的求职意识。

大学生在选择专业时，可能会出现自身情况与专业选择存在偏差的问题。

首先，有的学生为了进入好的学校可能选择了不喜欢的专业或接受了专业调剂。

其次，部分学生可能会受当时社会热门专业的影响盲目地跟从了当年的热门专业潮流。

最后，有些学生的专业选择是根据家长、教师的建议进行的，受到他人的影响，这造成大学生不了解将来的就业需求及专业适用职位，在毕业就业时会无所适从。

目前，专业选择并非无法更改，但转专业并不意味着一劳永逸。大学生自己的行动才是成功的关键。在大学的学习期间，大学生应该抓紧机会，了解自己的专业，掌握专业知识及了解未来就业需求，积极主动地学习专业技能，向社会需求主动靠拢，紧跟本专业的时代发展，有效地提升自己将来就业时的竞争力。在就业求职时，积极主动地展示自我能力，靠自己的实力争取到心仪的职位。

②树立自主创业的意识。

国家积极鼓励大学生进行创新创业，引导大学生应用所学所用进行知识创新，并为大学生提供政策鼓励、资源支持。大学生可以在毕业后选择自主创业，这样既可以避免就业竞争激烈的问题，还可以根据自我想法创业，满足大学生的自我需要。

③树立“转业”意识。

在就业过程中，除了就业竞争大、就业形势严峻，还有许多毕业生就业难是因为难以找到专业对口的职位，选择专业对口职位的观念影响着许多应届毕业生的就业选择。大学期间学习的知识，仅占人生所学知识的十分之一，现代社会终身学习的理念已经越来越普及，大学生在就业时，应该树立“转业”意识，先就业，再择业。

④树立角色转换意识。

大学生从学生身份向社会职员身份的转变需要一段过渡期。大学生经历了平稳、有规律的大学生活，虽然也有相关的社会实践活动，但是他们对社会的了解并不深入，在面对突如其来的社会生活时，很多习惯难以改变，思想也会受到影响。“大学生应该树立角色转换意识，在过渡期积极调整自己的思想观念来适应社会发展和职位需求。”[①]

4. 大学生就业心理调适

在人生的各个阶段中，职业选择阶段的影响是非常重要的，所以必须保证个人在进行职业选择时有良好的心理状态。因为职业决定了一个人能否在未来的人生中发挥自己的优点、能否彰显个人才华、能否取得事业成功、能否实现自我价值。在大学生就业的过程中，为了避免学生产生就业压力和就业心理问题，学校和国家应积极采取措施帮助大学生进行心理调适。

（1）心理调适的基本内容

心理调适的过程是人们适应认知结构变化和扩大的过程，大学生的就业必然会面临一些挑战和困难，容易导致大学生出现心理问题，这会对大学生的个人健康及积极就业造成负面影响。而心理调适能够帮助学生解决这些问题，并帮助他们建立客观、正确的思维方式，从而形成理性的自我认识，有效控制、调节自己的心理困扰和情绪，促进个体身体健康。

---

① 王志贤，刘斌，李梦婷 . 基于积极心理学的大学生创业心理教育体系构建 [J]. 黑龙江教育学院学报，2018，37（10）：92-95.

综上所述，自我心理调适需要个体按照自我心理的特征、自我心理的需要及外在的环境展开自我调控。自我心理调适能让学生保持心理平衡，解决心理困扰，在求职的过程中更好地发挥潜力。所以，应该帮助大学生掌握自我心理调适方法，提高自我心理调适的能力水平，使他们对这些挫折和困难形成客观、理性的认识，排除心理困扰，化解现实困境，选择适合自己的就业目标。同时，大学生也应该积极进行自我调适，并对自己的心理问题进行疏通和调解，提高自己化解矛盾的能力和承受挫折的能力，维护自己的身心健康。

①内心需要充满自信。

每个人都有理想，而实现理想的前提是人们对自己要有比较客观、理性的认识，并能根据客观条件和自身特点，设立适合自己的发展目标，增强自己的自信心。随着社会的不断进步，社会人才竞争日益激烈，面对这种局面，大学生应树立自信心，加强培养自己的人格品质，从而形成开拓创新、宽容豁达、自强不息和乐观自信的内在品质，充实自己的内心。

大学生在就业过程中，首先要对自己充满信心，相信自己的能力，对未来充满希望，积极应对遇到的挫折，并对未来的道路始终保持坚定的信心，相信自己必定可以冲破阻碍，到达理想的彼岸。在求职过程中遭遇挫折的大学生更需要适时调整心态，保持理性、恰当的求职期望，并保持知足常乐、实事求是的心理状态，成为有理想、有信念、有抱负的大学生，为祖国的建设注入新鲜活力。

②正确认识社会现实。

人的本质属性是社会属性，要想了解人就需要将其放在现实社会中进行考虑。因此，在大学生求职过程中，首先需要正视社会现实，这样才能保持良好的心理健康状态。具体而言，良好的心态主要体现在正视社会、适应社会层面。随着科技的快速发展、社会的不断进步，知识经济逐步成为时代的主流，人才培养问题亟待解决。在这种背景下，社会应为大学生制定一系列就业制度，并且不断改革、深化，进而创造良好的求职择业环境，增加就业机会，促进大学生发展、成才。

由此可见，大学生应该保持实事求是的态度，具体事情具体分析，树立正确的求职择业观念，增强自信心，在竞争日益激烈的市场中逐步获得社会的接受和认可。另外，大学生也应该根据不断变化的社会需求，更新自己的择业观念，选择适合自己的工作，使自己更容易被社会认可。人的本质属性是社会属性，是一切社会关系的总和，这也意味着人的一切社会性活动都要受到各种社会环境的制约，不能脱离社会去生存、发展。若是大学生一味地追求个人名利，脱离社会需求，就难以被社会所接受、认可，无法实现个人价值。

③培养独立自主意识。

在大学期间，大学生应该加强自身独立意识培养，降低对他人的依赖性。

第一，独立生活能力。独立生活能力是大学生在日常生活中最基本的能力，不管是琐碎繁复的事情，还是难以解决的困难，大学生都应该尽可能依靠自己的能力去解决，训练自己独立处理问题的能力，进而提高基本生活技能，学会自立。

第二，独立处理工作、生活及学习方面的能力。大学生应尽自己最大可能培养创造创新能力，激发学习的积极性和主动性，学会适应环境、改变环境。

第三，心理、思想层面的独立。在心理层面，大学生首先要建立自信心，不管是逆境还是顺境，都应该保持正确、理性的心态，做到自信、自爱、自尊、自强，从而形成积极健康、乐观进取的心态；而在思想层面，大学生应该加强对独立自主意识的培养，对任何事物都应保持自己独到的见解，不断追求自己的理想目标，提高自己独立分析问题、解决问题的能力，完善自己的思想体系。

④正确对待挫折与挑战。

对于大学生而言，健康的心理状态还需要保持积极乐观的态度，正确对待现实生活中遇到的挫折与挑战，百折不挠，不消极退缩，要理性、客观地分析挫折出现的原因并找到解决问题的方法，充分发挥自身的潜能和主观能动性。通往理想的道路是坎坷的，大学生在追梦的过程中要保持积极进取的心态，只有知难而进、坚强不屈、顽强拼搏，才有可能抵达梦想的彼岸。

（2）心理调适的主要方法

大部分大学生的心理状态并不成熟，因此在现实生活中，要自觉控制自己的心理状态，积极调节心中不平衡、不稳定的成分，保持积极乐观、拼搏进取的心态，增强自己的自信心和心理素质，促进全面健康发展。另外，在求职择业过程中，大学生应该根据客观条件和自身实际情况，选择适合自己的心理调适方法，具体包括以下方面。

①自我激励法。这一心理调适方法主要通过明智的思想观念、榜样的事迹及生活中的哲理激发自己学习的积极性和主动性，并且内心坚信通向未来的道路是

宽阔的，一切困难、挫折和失败终会过去，使自己可以更加勇敢地面对未来可能出现的困境，提高实力，增强自信心。具体而言，当大学生遇到求职受挫等情况时，其要不断进行自我鼓励，保持冷静、平稳的心态，积极寻求对策，理性解决问题。

②注意转移法。这种心理调适方法主要是促进消极情绪向积极情绪转变。当大学生遇到一些困难时，其可以通过这种方式转移注意力，以缓解心理压力和紧张的气氛，重新激发对学习、生活的积极性，降低不好情绪对自身的不良影响。例如，大学生可以采用接触大自然、参加体育运动及听音乐等调节方式促进心理平衡。

③适度宣泄法。这也是调适大学生心理的一种有效方法。这种方式需要学生尽早调整，以宣泄自己的消极情绪，缓解、改善自己压抑的生活状态，如向师长、挚友倾诉等。在此过程中，学生能够获得一定的情感理解、支持，还可以得到一些处理、解决问题的新思路，形成积极进取、奋斗拼搏的品质，增强自信心。另外，学生也可以通过爬山、打球等运动方式冲淡甚至抵消压抑的心理，形成稳定、平衡的心理状态。

④自我安慰法。这种心理调适方法又被称为自我慰藉法。大学生若是在现实生活中遇到自己无法处理的难题，可以通过自我安慰的方式缓解自己压抑的情绪。

⑤合理情绪疗法。这种方法能够帮助大学生形成正确的认知和树立理想与信念，从而形成合理、客观的思维方式，有效解决消极情绪带来的影响。首先，大学生应该正确认识消极情绪的来源；其次，要对情绪困扰的原因有客观的认识；最后，应积极改变自己的认知方式，尽最大可能减少情绪困扰。

除以上描述的方法外，心理调适方式还包括幽默疗法、松弛练习法、广交朋友法、自我静思法及环境调节法等方式，都能帮助大学生树立正确的价值观念和求职择业观，增强自信心，养成积极乐观、勤奋进取的人性品格。

由此可见，大学生在求职择业过程中应该增强自我调适能力，培养乐观豁达的态度，磨炼自己的意志，在提升自己各方面能力的同时为社会作出一定的贡献。

（二）发展与规划大学生职业生涯

就业问题已经成为引发大学生心理困扰的重要因素。要改变这种状况，需要各方面的关注和努力。就大学生而言，尽早制订合理的职业生涯规划，并以此为依据积极地塑造自己和提升自己，是减少就业苦恼和提高求职成功率的重要途径，可以为自己的职业生涯发展奠定良好的基础。

1. 大学生职业生涯规划

职业生涯规划指的是个人根据主观因素和客观因素对自己未来职业发展作出的规划，包括职业发展目标、职业工作计划、职业培训，职业生涯规划是对未来职业发展的重要依照和参考。

职业生涯指的是个体从开启到结束职业劳动的全过程。人的一生大部分都和职业生涯相关，职业生涯是否成功对一个人的人生有着至关重要的影响。在现代社会发展过程中，职业不仅是个体谋生的方式，也是个体实现人生追求的主要途径，因此职业生涯规划是对职业生涯发展的战略指导，对于大学生来说至关重要。

（1）职业生涯规划的意义

职业生涯规划可以有效指导个人职业未来的发展，为职业发展提供操作方法，因而职业生涯规划是非常重要的。

①根据自身情况找到适合自身发展的职业。

人和人之间存在一定的差异，差异决定了人会选择不同的职业发展方向，个人能力、爱好及价值观念都会影响到个人的职业发展。职业发展最重要的是，要根据自己的能力找到相匹配的职业，职业生涯规划为每个人认识自我、了解自我、考虑外部因素提供了科学有效的指导方法，能够引导个体找到适合自己发展的领域，实现自我发展价值。

②正确认识职业生涯的规律，遵循职业的发展规律。

职业生涯发展一般需要经历以下阶段：首先是探索期和适应期，其次是发展期和转型期，再次会进入职业突破期与职业反思和重振期，最后会经历职业的倒退期和退出期。只有了解了职业的发展规律，才能针对不同的发展时期作出不同的规划，如正确认识发展规律之后才能做到从容不迫地适应、不骄不躁地发展、不消极不气馁地反思及坦然地退出。

③抵御职业生涯风险。

职业生涯之旅并不总是一帆风顺的，可能会碰到许多困难和挫折。例如，重大经营管理决策失误，与上级、下级关系紧张，不公正的待遇，身体状况不好等。良好的职业生涯规划有助于更好地应对职业生涯发展过程中出现的各种情况。

（2）职业生涯规划的原则

合理的职业生涯规划能使一个人走上成功之路。为了正确制订职业生涯规划，必须遵循的原则包括以下 7 个方面。

①长期性原则。

职业生涯规划决定了个人未来的努力方向，对未来的就业有重要影响，因此必须从长远考虑，为自身制订长远规划，并为之不懈努力。

②明确性原则。

在制订职业生涯规划时，内容必须清楚明确、易于理解，对各阶段的规划和预期目标必须表达得具体准确，便于采取实际行动，不断提高个人能力。

③现实性原则。

在制订职业生涯规划时，必须以社会现实为依据，根据自身的特点、行业需求和社会需要来制订发展规划。

④挑战性原则。

在制订职业生涯规划时，要在可实现的目标上增加挑战性目标，激发个人突破自我，最大限度地提高个人能力。

⑤时间性原则。

职业生涯规划是对未来的工作内容、发展方向、实现目标的规划，需要长时间付诸实践才能达成，因此要明确标注践行工作内容的时间，确保在计划时间内可以完成。

⑥适应性原则。

职业生涯规划是对未来长时间的规划，在规划实施期间，许多相关因素会随着社会发展发生变化，因此规划要具有适应性，确保可适应规划期间发生的变化。

⑦一致性原则。

职业生涯规划关乎个人未来的职业发展及人生，因此要与个人未来发展规划保持一致，在实现职业生涯规划时，还可以同时实现个人发展规划。

（3）职业生涯规划的分类

职业生涯规划有四种类型。

其一，人生规划。人生规划指的是对整个人生职业生涯的总体规划，时间跨度为 40 年左右。

其二，长期规划。长期规划指的是个人对未来发展 5～10 年进行的规划，规划的是相对长远的发展目标。

其三，中期规划。中期规划指的是个人对未来发展 2～5 年进行的规划。

其四，短期规划。短期规划指的是个人对未来发展 2 年之内进行的规划目标，是近期的发展目标，如近期需要掌握的业务知识、业务技能等。

（4）职业生涯规划的内容

制订职业生涯规划时，首先要充分考虑个人的特性和组织发展的需要，对影响职业生涯的各种主观因素、客观因素进行分析和评估；然后确定职业生涯发展目标，选择实现这一目标的职业，并制订相应的工作、学习和培训计划。制订职业生涯规划的步骤包括自我评估、外部环境分析、目标确立、实施策略、反馈评估等。

在职业生涯规划中，要明确职业方向、组织及社会环境、发展目标、成功的标准、自身条件及潜力、缩小差距的具体方法等问题。较完整的职业生涯规划一般包括以下 10 个方面。

①职业生涯规划的题目。

题目必须能反映出个人职业生涯的主要特征和时间维度：在规划中，要包含个体的个人信息、规划的生涯起止日期；题目必须能反映出职业生涯规划的主题，还要体现出职业生涯规划是阶段性还是终身性。

②职业生涯规划的方向。

职业生涯规划的方向指的是选择的具体职业，职业生涯的具体方向代表的是个体的职业动机。

③社会环境分析。

社会环境分析是分析所处环境的政治、经济等方面的形式，从而了解目标职业在社会中的发展情况，以及目标职业在社会中的未来发展趋势。

④组织分析。

在设立目标组织时，要分析组织。如果目标组织是企业，那就要对企业进行分析，具体包括：企业的发展现状、未来的发展目标及规划，企业产品在市场中的行情，企业文化及管理制度，企业领导层的管理能力，企业内部员工的能力提升和发展空间，以及他们担任更高职务或职务内涵变化的可能性；相关职务的待遇。如果打算在政府部门、事业单位或其他组织就业，也要进行类似的分析。

⑤重要角色及其建议。

职业生涯规划中应记录家庭主要成员、直接上级、更高层次领导、职业生涯管理专家等重要角色的建议、要求、联系方式。不一定赞同他们的建议，但应客观记录。

⑥职业生涯规划的目标。

目标包括时间目标、经济目标、职务发展目标等，不同维度的目标之间并不冲突。

⑦成功标准。

成功标准因人而异，这是因为每个人对职业生涯的价值追求是不同的。有的人认为职业应该追求的是事业上的成功；有的人认为职业应该追求的是实现个人及家庭的保障，换言之，如果通过工作能够保证个人及家庭的基本生活，那么就是职业的成功；还有的人认为职业上的成功应该是个人、家庭及职业的协调，只有做到三点的共同发展才算是职业的成功。每个人对职业的价值观念都是不同的，而且价值观念也在随时变化，只要追求价值观念的真实即可。

⑧自身条件及潜力测评结果。

制订职业生涯规划时要对自己的体力、能力、人格进行评价，将自身条件、发展潜力、发展方向、环境给予的机遇和制约条件结合起来进行分析，最终明确自己的能力和方向所在。在此过程中，可以通过自我反思、心理测评、专家咨询等方法明确自己已经具备的条件，发现自身的潜力。

⑨差距。

分析目前条件与实现目标所需知识、能力要求等方面的差距，如在思想观念、专业知识水平、具体操作能力、心理承受能力、讲演能力、身体适应能力等方面的具体差距。

⑩缩小个体和职业目标之间差距的方法。

可以根据具体的差距内容选择制订具体、有针对性的缩小差距的方案，如选择教育培训，明确具体的培训内容、培训日期、培训方式；还可以选择交流合作，明确具体的交流对象、交流实践、交流方式、交流内容。

2. 大学生职业发展自我评估

对自我展开评估是为了更好地了解自己、认识自己，只有真实地了解自我才能制订符合实际的职业规划，才能为自己找到适合的职业发展道路。

（1）自我评估的基本内容

自我评估包含较多的内容，如自我性格评估、自我兴趣评估、自我技能评估、自我道德水准评估等。对于大学生而言，自我评估的开展涉及以下 3 个方面。

①体力评估。

体力评估就是对自身身体素质展开的评估。大学生需要根据自身体力情况选择适合自己的职业体力评估，主要包括力气方面、动作的敏捷与身体的平衡性方面、身体下肢及身体腰背的协调性方面、手臂的灵活与协调性方面、身体语言及视听方面。

每个职业对体力都有不同的要求。例如，需要付出力气的工作会要求应聘者身强体壮，体育方面的职业会要求从业人员具有良好的协调性、敏捷性，艺术方面的职业会要求视听器官具备良好的灵敏性，还有的职业会对应聘者提出特殊的体力要求。所以，大学生在进行职业选择时，必须结合自身体力情况具体分析。

②能力评估。

能力直接决定了人们是否能够完成活动、完成任务及活动完成的效率如何。能力主要有两种：一是一般能力，也就是基础能力，如注意力、记忆力、观察力、行动力等，这种能力的特点是通过认知即可获得，因此一般也被叫作智力；二是特殊能力，是指完成特殊活动所需要的能力，这种能力和职业要求相关。

个人能力既涉及一般能力也涉及特殊能力，因为人们进行的职业活动都是具有职业特性的，所以对于个人能力而言，特殊能力是最为重要的，只有具备了特殊能力才能更好地开展职业活动。

③人格评估。

具体而言，人格主要包括个人兴趣、个人动机、个人价值观念、个人性格等，人格会对人的行为产生巨大的影响，也必然会影响到人的职业行为。所以，为了更好地选择匹配的职业，应该先对自己的人格进行充分的了解，只有这样才能更好地匹配职业，实现人职匹配。

（2）自我评估的主要方式

认识自我需要个体对自我作出客观的评价，换言之，既不要过分高估自己，也不要过分看低自己，要正确看待自己的优点和缺点，正确认识自己的能力，要想做到客观地评价自我，一般可以通过以下 4 种方式进行。

①心理测验。

心理测验是一种通过短时间的测验总结出个人特点的测评手段，是将个人与群体进行比较得出的结果，结果较为客观准确。通过心理测验，个人可在短时间内更加了解自我，发掘个人特长，通过客观的自我评价能够让个体进行更加精准的职业规划，但是也要注意，心理测验的结果只能提供参考性的建议，并不代表绝对的事实。

②客观评估。

在对自身进行客观评估时，要合理利用以往的经验，从以往的经历中寻求答案。例如，可以根据自己过往的工作经历发掘自己喜欢的工作，思考自己喜欢这类工作的原因，现在是不是仍然喜欢这些工作，明确自己是喜欢处理人际关系还是喜欢处理具体问题，怎样才能激发自己的活力，等等。另外，要对过去成功的经验和失败的教训进行总结，分析自己成功或者失败的原因。需要注意的是，要尽量以客观评价为依据，避免因为个人认识或个人动机而影响评估的客观性。

③他人对自我的评价或者是自我和他人之间的比较。

一是根据他人的评价进行自我评估是将他人的评价作为自我评价的参考，在和他人的交往过程中，他人给出的评价能够帮助个体加深对自我的认知。

二是通过与自己条件相似的人进行比较来评价自己。需要注意的是，要能够准确理解和分析他人对自己的态度和评价。

④向专家咨询。

学校设有就业指导中心，为学生提供了就业专家咨询服务，这种方式能够帮助学生快速地获得就业知识、就业信息，而且专家能够帮助学生正确地认识问题。除此之外，还可以帮助学生提高职业决策能力。

3. 大学生职业生涯外部环境

外部环境分析是大学生职业生涯规划的一部分。大学生处在一定的社会环境中，职业也会受到环境的影响，制订职业生涯规划必须分析所处环境。

在分析外部环境时，要分析所处环境的现状、未来的发展变化情况、环境对自身带来的影响、适应环境的方法、环境对自身发展的有利与不利因素等。只有结合对外部环境的合理分析，才能对职业生涯进行更加准确可行的规划。

（1）行业环境的分析

行业环境的分析是指对想要从事的行业的环境展开的分析，主要包括行业发展现状分析、行业优势分析、行业缺点分析、行业发展前景分析、重大事件对行业发展的影响分析等。例如，应该分析出行业目前的发展是扩张还是萎缩，国家政策对行业的发展持鼓励态度还是限制态度等。

（2）组织环境的分析

对于组织环境的分析主要针对的是组织未来的发展前景、目前组织在本领域的地位及组织产品未来的发展前景。

①组织实力。

当前市场竞争非常激烈，组织必须适应市场环境才能持续发展，分析组织实力可以分析组织产品未来在市场中的发展前景。

②组织领导人。

组织领导人决定了组织未来的发展，可以通过对组织领导人工作能力的考察展开对组织环境的分析。

③组织文化。

组织文化指的是组织内部奉行的价值观念。组织文化是一个组织展开管理的核心，也是组织能够持续发展的重要影响因素，通过了解组织文化能够判断组织的用人制度、行为准则。

综上所述，组织环境的分析主要包含对组织战略、组织发展、组织文化、组织制度、组织结构的具体分析，学生需要根据分析结果衡量职业生涯目标和组织之间的契合度，预测职业生涯目标实现的可能性。

（3）学校与家庭环境的分析

家庭对于大学生的职业选择有着至关重要的影响，无论是家庭背景、结构、生活条件还是家庭的教养方式都会对大学生产生潜移默化的影响。

除家庭外，学校也会对大学生的职业生涯产生影响，学校的氛围、环境、学校的教师及学校对大学生的管理模式都会影响大学生的职业生涯。对学校与家庭展开环境分析，实际上是对大学生的成长过往进行反思与回顾的过程，通过分析家庭和学校，了解学生目前优点和缺点的形成原因，并且克服缺点，发扬优点。

（4）职业环境的分析

对职业环境展开分析需要深入了解职业发展需要的知识、技能及职业需求的人格特征，还要了解职业发展特点、职业发展前景、职业素质、职业社会地位及社会发展对职业存在的影响，并且判断职业是否能够长久、可持续地发展下去。这些都会影响到个人职业生涯的长度，也会影响到个人职业目标的确立。

4. 大学生职业生涯目标确立

（1）职业生涯目标的分解与组合

①目标的分解。实现目标是一个需要长期艰苦奋斗的过程，将大目标分解为多个小目标更有利于大目标的实现，使实现方式及内容更加清晰，通过实现多个小目标共同促成大目标的实现。目标的分解有以下两种方式。

第一，按性质分解，可将职业生涯分为外职业生涯和内职业生涯。外职业生涯是职业的外在条件，包括职业的环境、薪资待遇、工作内容等；内职业生涯是职业所需的内在条件，包括个人的知识储备、专业水平、心理承受能力等。

外职业生涯主要由职业提供者决定，而内职业生涯所需的条件则需要个人去创造；外职业生涯随时会改变，而内职业生涯则不会轻易发生改变。内职业生涯的发展推动外职业生涯的发展，只有实现内职业生涯才能帮助外职业生涯取得成功。只有当个人的内职业生涯也就是工作所需具备的素养都具备时，个人才能找到满意的职业，即外职业生涯。

外职业生涯目标的特点是能够进行具体的描述，如工作地点、工作内容、工作职务、职务发展目标、经济发展目标，其中最重要的是经济发展目标及职务发展目标。内职业生涯目标涉及工作能力方面、工作成果方面、心理素质方面及价值观念方面的目标。

工作能力指的是处理工作问题、完成工作任务的能力，设定工作能力目标能够让人切实地感受到自己对职业生涯的发展规划。工作成果目标包含较多内容，如发明新的管理形式、提出新的管理意见、创造新的工作业绩等。需要注意的是，工作成果目标的内容不仅包含外职业生涯目标，还包含内职业生涯目标。虽然工作成果目标表面上是外职业生涯目标的一种，但是工作成果目标涉及的具体内容又符合内职业生涯目标的标准，如工作知识的获得、工作经验的积累等。心理素质在实现个人职业生涯过程中起着至关重要的作用，能实现职业生涯规划目标的人往往是心理素质十分强大的人，这种人在遇到困难时总会努力克服，同时在克服困难的过程中不断反思自身存在的问题，积极寻求解决问题的方法，不断提升自我。缺乏这种心理素质的人往往在遇到困难时不去寻找问题所在，或是在发现问题后才去寻找解决方法。价值观念目标是一个人对职业生涯规划所持有的态度和观点，观念的不断革新是职业生涯规划不断发展的重要条件，职业生涯的发展是从观念目标的革新开始的。

第二，按时间分解，可将职业生涯分为短期目标、中期目标、长期目标和最终目标。这些目标是根据实现时间划分的，通常1～2年内可实现短期目标，几年内可实现中期目标，实现长期目标需要十几年，而实现最终目标则需要几十年。短期目标时限最短，因而应标明实现方式和计划时间。

一是短期目标的特征。短期目标不一定是由个人制订的，也可以是上级指定给个人的；短期目标不一定要根据个人的观念来制订，但要在个人可接受的范围内；短期目标需要明确实现的方式和计划实现时间，以便于实际操作，并要确保最终实现；短期目标要具有较强的适应性，能适应实现过程中发生的变化。

二是中期目标的特征。中期目标建立在个体自身意愿及组织的要求之上，与个体的价值观念基本吻合。个体有实现目标的信心，而且能够用语言文字对目标进行具体的定量说明。目标实现的时间比较明确，个体可以根据具体的工作进行合理的调整。

三是长期目标的特征。个体经过分析之后认真确定的、适合职业生涯发展需要的长期目标，是有可能实现的。长期目标要具有挑战性，同时应该符合个体发展的价值观念，个体对于目标的实现充满斗志，也会为目标的实现而感到骄傲。长期目标只能用语言或者文字进行定性说明。

②目标的组合。对目标进行组合，可以利用目标之间的关系，使之更有利于实现最终目标。各目标之间并不是相互排斥的关系，而是存在着因果关系和互补关系，根据这些关系即可进行合理组合，具体有以下三种组合方式。

第一，根据时间进行组合，有并进和连续两种方式。并进是在实现一个目标的过程中同时去实现另一个目标，这种情况又可分为两种：一种是同时进行工作内容的两个目标，如某些企业的行政总监会同时进行人力资源和行政管理的工作；另一种是在做好本职工作之外努力实现其他目标，如在做好本职工作之外培养某一技能，这种情况比较复杂，需要个人具有较强的时间管理能力，但是当目标同时实现时，对个人能力会有相当大的提升作用。连续是指连接的两个目标，在实现一个目标后可以尽快投入另一个目标中。短期目标其实是最终目标的一部分，实现短期目标后，中期目标就会成为下一个目标，以此类推，一步步实现各个阶段的目标，从而实现最终目标。

第二，根据功能进行组合，各个目标之间的因果关系和互补关系是根据功能划分的。因果关系是指一个目标的实现有助于另一目标的实现。例如，提升个人工作能力有利于实现升职的目标。互补关系是指两个目标的实现都对对方有辅助作用。例如，一位从事管理工作的人获得工商管理硕士证书，这两个目标互相辅助，管理工作有利于获取证书，而获取证书的学习过程又为管理工作提供了理论知识。

第三，根据个人、家庭与职业生涯的关系进行全方位组合。职业生涯与个人生活息息相关，在进行职业生涯规划时，必须结合个人对未来生活、家庭等方面进行规划，并协调好各方面之间的关系，全方位组合有利于制订出更加合理的职业生涯规划。

（2）职业生涯目标的确立原则

①职业生涯目标的确立需要遵循六个方面的内容。

一是目标明确性。职业生涯目标的确立需要明确具体阶段要完成的具体任务。

二是目标可衡量性，指的是职业生涯目标的确立应该是可衡量的。换言之，要有具体的数量、具体的时间、具体的数据。

三是目标相关性，指的是目标的确立要和职业发展相关。

四是目标时限性，指的是职业生涯目标需要在一定的时间内完成。

五是目标集中性，指的是目标应该集中，不可以太过松散。如果目标太多就容易忽略发展的重点。

六是目标可实现性，指的是目标不可以过高，应该设定在个人能力范围之内，经过个人的努力可以实现。

②职业生涯目标的确立需要注意七个方面的内容。

一是目标要满足社会发展需求和组织发展需要。

二是目标要建立在个体擅长的方面。

三是目标必须和自身现状有一定的距离，但又不可以好高骛远、脱离实际。

四是目标跨度不宜过大，应该选择相对固定的方向，深入研究。

五是短期目标和长期目标之间应该有一定的关联性，长期目标是短期目标发展方向的指引，短期目标是长期目标能够最终实现的基本保证，二者的关联能够促进最终职业生涯目标的实现。

六是目标不可以空泛，要具体、精准，避免目标的过多、过杂，精准的目标才更容易实现，更容易促进个人发展。

七是职业目标应该和家庭、个人及身体健康相协调，身体和家庭是事业成功的基础与前提。

（3）职业生涯目标的路线选择

在确定职业生涯规划目标后，就要设计目标的实现方向和路线。方向的选择取决于目标，同时它也是目标实现的关键。不同目标决定不同方向，不同方向对个人又提出不同要求，因此在选择路线时必须慎重，要以职业生涯规划的目标为依据。

选择职业生涯规划目标路线也影响着未来人生的发展方向。要想选择正确的路线，必须经过慎重的思考，才能最终找到适合自己的成功之路。在选择路线时，要考虑三个方面的因素。首先，要考虑适合自身观念的因素，包括价值观、喜好等。其次，要考虑适合自身条件的因素，如适合自身性格、知识水平、能力范围等。最后，要从社会环境出发，综合考虑政治、经济等方面的因素，寻找有发展前途的目标路线。

（4）职业生涯目标的规划实施

在规划和实施职业生涯目标时，主要遵照三个步骤。首先，明确目标。明确目标之后，设计目标实现的具体步骤。其次，如果有多种职业目标规划的方案，可以通过比较选择最合适的方案，然后按照计划具体实施，并且检查结果，如果结果和理想之间有偏差，那么应该进行方案调整。最后，如果依然存在问题，则需要重新考虑目标的设定。这里需要注意的是，组织会对个人的职业生涯发展造成一定的约束。

5. 大学生综合职业能力培养

（1）大学生需具备的职业素质与能力

当今社会，人才竞争日趋激烈。对于大学毕业生，社会需要的不仅是专业特长突出、操作技能出色的人才，同时也必须是综合素质较高的学生。用人单位比较注重的实习生的职业素质和能力，例如，敬业精神、创新能力、专业技术能力、解决问题的能力、善于学习的能力、沟通能力、协调能力、合作能力等。

除了具备过硬的素质和能力之外，用人单位还要求求职者拥有健康的身心、良好的思想道德，特别是职业道德，如强烈的事业心和责任感、踏实肯干和吃苦耐劳的创业精神等。因此，大学生需要着重培养以下素质和能力。

①工作态度积极。

一个人的工作态度好坏是决定其能否胜任今后工作的主要因素。因此，用人单位注重大学毕业生是否具有爱岗、敬业、务实等积极的工作态度，具体表现为：在工作中认真、细致、负责、勤奋努力、虚心好学，积极主动地面对工作中的挑战，对工作有激情、肯吃苦、愿意从基层踏实做起等。

②知识基础扎实。

在现代生产中，企业对复合型技术人员提出更高要求，要求他们既熟练掌握或精通专业技能、有扎实的专业知识基础，同时也要具备相关专业或其他专业方面的知识。满足上述条件，大学毕业生能很快地适应环境，发挥作用。同时，专业之间的结合往往就是创新的源泉，就是企业的竞争力。因此，大学生不仅要把自己的专业读精、读深，而且要跨领域、跨专业学习，考虑寻找本专业和其他专业结合的机会。

③学习能力强。

无论大学生的知识基础有多扎实，走上新的工作岗位都要接受培训，接触新的知识和技巧，这是大学生快速成长和适应工作的最佳途径。只有具备较强的学习能力，才能在工作中触类旁通，遇到问题能及时看到症结所在，并能及时调动自己的知识和能力，制订出可操作的方案。

因此，在大学期间养成良好的学习习惯，培养较强的学习能力，不仅是大学生在学校教育阶段顺利完成学业的必要条件，也是大学生步入职场后能够快速适应工作环境和获得职业发展的主要条件。

④责任心强。

所谓责任心，是指个人对自己、对他人、对家庭、对集体、对社会、对国家所负责任的认识、情感和信念，以及与之相应的遵守规范、承担责任和履行义务的自觉态度。而责任心强是企业和社会对大学毕业生最基本的素质要求。例如，在工作中，关于处理一件具体事情，责任心强可以体现在三个阶段：一是做事情之前要想到后果；二是做事情的过程中尽量控制事情向好的方向发展，防止出现坏的结果；三是事情完成后出现问题时要敢于承担责任，勇于担当。责任心是影响一个人在职业生涯发展中能走多远的重要因素之一。大多数企业在提拔员工时，往往选择的也是那些有所担当、勇于承担责任与压力的员工，因为这是作为领导者应该具备的品质。大学生要具备这种品质，需要从个人的习惯和修养开始培养。

⑤团队合作能力良好。

企业的发展依赖于团队和个人的发展，也需要团队成员给予支持和帮助，成员之间的凝聚力在一定程度上决定了企业的发展，所以企业在招聘人才时也会非常注重人才的合作能力。大学生必须加强对个人合作精神的培养，只有这样才能更快地实现个人的发展目标。毕业生在校园时应尽可能多地参加合作和实践活动，培养团队意识和积累合作经验，为就业时提升竞争力打下基础。

⑥人际沟通能力强。

现代社会，沟通无处不在。企业需要的是能够运用自身良好的沟通能力与企业内外有关人员接触的大学生，能够合作无间、完成组织使命和目的的大学生。大学生进入公司，如果没有良好的沟通能力，就难以很好地与他人合作共事，影响工作开展。良好的沟通能力也是大学生在面试时展现优势的助力。

⑦创新意识与实践能力强。

大学生是国家未来建设的生力军。我国未来的发展前景，与当代大学生的创新意识和实践能力密切相关。社会对人才发展的要求在不断变化，如今企业发展注重人才的创新能力，只有善于观察和思考，能够不断向前发展、向前探索的年轻人才是企业需要和看重的，因为这样的年轻人有积极进取的动力，有更高的发展目标，能为企业创造更大的价值，为企业发展带来更多的生机。

⑧心理素质良好。

在竞争激烈的环境中能否承受较大的工作压力，能否在工作中经受批评、打击是大学生能否在企业立足和发展的重要因素之一。心理素质水平对大学生有非常重要的影响。只有心理素质水平高的大学生，在面对困难时才能不断地调整自己的心态，积极进取。

社会需要的是踏实、上进、有干劲的年轻人。毕业生步入职场之后必然会碰到困难和挑战，所以，大学生应该做好步入社会的心理准备，锻炼自己吃苦耐劳的精神，遇事不退缩，勇往直前，能够化压力为动力，只有这样才能在未来的社会中闯出一番天地。

（2）大学生综合就业能力培养的途径

大学生的综合就业能力包括职业素质和职业能力。良好的职业素质和职业能力是决定职场成败的重要因素。大学生可以有意识地通过多种途径、方法来培养和提升自我职业素质和职业能力。

①在生活中培养。

一个人的习惯、个性并不是一朝一夕形成的，而是长期行为的结果。个性习惯就是个人素质的真实写照。所以，大学生培养自己的职业素质必须从日常生活细节及点滴做起。如果在生活中注意培养良好的行为，进而形成良好的习惯，最终成为自身良好的个性，自然而然就能表现出良好的素质。

②在课堂内积淀。

扎实的专业理论知识是发展专业技能的基础。大学生可以多向教师、学长、前辈请教，充分利用图书馆等校园资源，夯实专业知识，扩充专业知识面，丰富知识储备；学会自主学习，掌握科学的学习方法和思维方式，培养系统观察、分析、质疑、反思的能力和习惯；同时，大学生应该注意专业互补课程的学习。毕业生如果拥有较高的人文素养也会为自身综合素质增色，更容易在竞争中脱颖而出。

③在课堂外拓展。

课外拓展是提高自身综合能力的良好途径。大学校园内经常会举办各种学术讲座、文化讲座、专题讲座，常会邀请海内外知名人士、某领域专家学者、社会各界精英到校与学生分享他们在各自领域的体验和人生感悟。大学生应抓住机会积极参加，虚心倾听优秀人物的观点、见解、创业史和人生经验等，了解学校以外的多彩世界。这不仅可以拓宽自己的视野、增长见识，还可以优化思维模式。

同时，竞赛可以激发大学生的创新思维，是提高创新能力和解决具体实际问题等综合能力的有效途径。有条件的大学生可以争取机会多参与一些竞赛项目。这不仅有利于所学知识融会贯通，提高发现问题、解决问题的能力，拓展创新能力和实践技能，而且也是考验和锻炼学生直面困难与遭遇挫折的勇气、探索问题的毅力，同时还是提高团队协作能力的好机会。

④在社团中锻炼。

大学是一个小社会，各种不同的学生社团就如同一个个小企业。大学生可根据自己的兴趣和需要，有选择地参加学生社团。在参与社团的活动中，体验到社团是如何运作的，同时还能锻炼自己的各种能力，如人际交往能力、沟通能力、团队协作能力、组织能力、领导和决策能力等。

⑤在实践中成长。

实践出真知，实践长才干。实训、实习、兼职、勤工助学等实践活动是培养职业能力的有效途径。实训、实习过程是运用理论、将理论和实践结合的好机会，在实践中能更好地培养和提高学生的动手操作能力。

实习过程提供了真实的企业环境，让学生在一个真实的职业环境下真正领会到未来工作岗位对专业技能的要求，使其得到实际的训练，有助于其综合素质和能力的提高，是积累工作经验、提升职业能力的好办法。兼职、勤工助学不但可以减轻学生的经济负担，还可以让他们了解社会。在社会实践中增强学生独立自主的能力，培养吃苦耐劳、克服困难的精神，以及服务他人的意识和责任感，是学生融入社会、获得较快成长的有效途径。

⑥在培训中强化。

通过参加校内外的职业培训，可以强化专业知识，学习并掌握职业岗位所需的职业技能，获得相关职业资格证书，有助于拓宽就业渠道，为职业生涯增加筹码。

对于大学生而言，良好的综合能力是入职的“敲门砖”。大学生的就业能力提升和职业发展的关键就是在学习与实践中不断地完善自我、提升自我的综合能力。

二、培育大学生创业心理与积极心理品质

如今，我国高等教育发展的大方向是培养和鼓励大学生创业。作为创业时代的弄潮儿，在时代飞速发展的大环境下，大学生应该从心理上转变对就业的看法，变被动为主动，结合自己所学知识进行自主创业，对创业心理也要有基本认知。只有具备了积极向上的创业心态，才能实现创业成功。

（一）创业心理的认知

创业心理指与创业相关的心理活动和内容，具体来说就是在创业活动中，创

业者所开展的和创业相关的心理活动及影响创业活动的各种人格特点和心理状态等。

1. 创业心理学理论

创业心理学以心理学为理论基础，该理论是对创业者的心理理论进行探讨和研究。概括起来有以下 3 个具有代表性的创业心理学理论。

（1）马斯洛需要层次理论

马斯洛把人类的需要划分为五个层次：生理需要、安全需要、爱和归属的需要、尊重的需要、自我实现的需要。

①生理需要。该需要是指人类对生活最基本的需要，包括水、食物、空气、睡眠等。生理需要是人类最基本、最原始的需要，如果这种需要没有得到满足，人类的生存将存在问题。换言之，人类最强烈的需要就是生理需要，这也是推动人类活动的最强动力。

②安全需要。人类的安全需要比生理需要高一级。当生理需要得到满足之后，人类就会寻求安全需要。安全需要的具体表现就是人们会追求稳定、安全、秩序，消除焦虑和恐惧等。只要是生活在现实中的人，都会需要自身的安全感、自由和防御能力。

③爱和归属的需要。当第一种需要和第二种需要得到满足后，人类就会产生对爱和归属的需要。相比于前两种需要，这种需要更加细微和难以捉摸。爱和归属的需要是指个体想要得到朋友、团队、家庭及同事的理解和爱护，需要友谊、信任、爱情和温暖。这种需要较为复杂，与个人的生活经历和性格等相关。

④尊重的需要。尊重的需要包含三种，即自我评价、自我尊重和尊重别人。这种需要大多情况下都能得到满足，也正是因为得到了最基本的满足才会产生强大的动力。

⑤自我实现的需要。在马斯洛需要层次理论中，最高级的需要就是自我实现的需要。这是一种具有创造性的需要，这种需要的满足是在完成与自己能力相当的工作时产生的，需要充分发挥自己的潜能，让自己成为期望中的人。有这种需要的人往往能尽最大努力去提升自己，成为更好的自己。

（2）斯皮尔曼的能力二因素说

查尔斯·斯皮尔曼（Charles Spearman）是英国著名的统计学家和心理学家，

通过研究人们完成智力测试作业的相关程度，提出能力二因素由以下两种组成。

①G因素（普通能力或者普通因素）。人类最基本的心理潜能是人的普通能力或普通因素，也是判断一个人能力的最主要因素。正因如此，人们在完成不同程度的智力作业时，所呈现的成绩也是正相关的。

②S因素（特殊能力或者特殊因素）。保证人们完成某种特定作业或者活动的必需要素是特殊能力或者特殊因素。

人类智力的组成是多种特殊因素和某种普通因素的结合。人们在作业完成时都会受到G因素和S因素的影响。在活动中，G因素包含得越多，各项成绩的正相关性也就越高；反之，如果S因素更多，成绩正相关性也就越低。

（3）成就动机理论

成就动机理论是由美国哈佛大学教授戴维·麦克利兰（D.C. McClelland）提出的，这个理论认为：当人的生理需要得到满足后，还有另外三种高层次的需要，即成就需要、权力需要、亲和需要。成就需要是指想要达到更好的需要和欲望。权力需要是指控制或者影响他人并且不被他人控制的需要。亲和需要是指良好人际关系建立的需要。

2. 创业心理形成步骤

形成创业心理的具体步骤如下。

（1）知识潜移默化的过程

个体的大脑在受到知识、经验等相关信息的刺激后，若刺激较强，便有了一定意识；若刺激较弱，那么相关的刺激会削弱，最终逐渐消失。在没有抵制的情况下，相关刺激会转换成一个信号，隐藏在大脑中的特定区域，从而可能改变原始的结构与形式，或与其他隐藏的信息发生交叉与融合。

（2）提出问题

在外部因素的驱使下，主体形成一种达到相应目的的期盼。这样的期盼行为，使神经系统处于兴奋、焦虑的状态，同时有一定的外部表现，但内部表现得更为强烈。

此时，诱发出了潜伏或潜伏融合后形成的新信息，这可能激发了潜意识中的其他信息内容。信息积累、融合的过程，是有序的、有目的的。之所以可以实现这种融合的过程，主要是因为人类意识的第二种状态有着较强的自我组织性，也就是自动处理的能力。只有完成了这一自动化处理过程，才可以进入整合信息的阶段。

（3）整合信息

各种定向信息在整合后，激活和唤醒了人类的第二意识，使不同阶段的潜在信息，形成系统的、有目的的、有意识的自组织状态，也就是个体的心理功能驱使创造要素的形成。

就形成创业心理的过程而言，在成功的创业过程中，应重点研究与探索影响人类心理的要素，以此才可以提升成功创业的概率。

3. 创业者心理品质

创业者若想成功需要具备以下心理品质。

（1）目标性

创业的过程需要长时间坚持斗争，一旦目标确立，创业者便应一步一步向着这一目标前进。

创业时，创业者会面临许多问题，如与客户的矛盾、管理方式不当、资金链断裂、突发情况等，这些都会给创业者制造一定的压力，因此创业者应具备一定的忍受力。在面对困难时，创业者可以自我调整心理问题，以全新姿态投入工作中。

人生的道路，离不开挫折、失败。根据心理学家的相关研究可以得出，越是舒适的环境，人的能力越难以体现出来，甚至其水平还会越来越低。所以，当创业过程中遇到困难与挫折时，应该满怀信心，进一步认识、完善自己，最终超越自己，如此才能以更好的状态前行。

（2）坚韧性

一个人的毅力与韧性是其可以长期坚持一个行动以实现目标所必备的心理素质。有毅力的人可以在创业过程中坚持不懈，以毅力拼搏，直至达到自己的目标。

创业者必须能够经受不同的挫折。有一定坚韧性的创业者，通常是坚持到最后的人，也是最终得以成功的人。世界上找不到任何可以代替人的毅力与韧性的品质，毅力与韧性可以催人奋进、使人成功。拥有这一品质的人是不可战胜的，最终会成就一番事业。

（3）敢于付诸实践

创业的最终目的是创造独具特色的东西，这就需要有人敢去做、去创造，因此创业者必须具备敢于作为的心理素质。敢于付诸实践是基于理性的决定之上，是基于自信的大胆超越，是对新目标的踊跃追求。

（4）坚定性

坚定性是指创业者应具备坚定的信念，而且此信念是来自创业者的自信心、责任感以及在困难时期形成的心理准备。首先，就创业者而言，信心是自发动力。创业者应该对自己和未来有信心，要始终坚信，成功或失败不是注定的，而是取决于自己的努力，且坚信自己有能力克服困难。其次，要有吃苦耐劳的精神，在逆境中也能够坚持不懈，如此，便可以开创成功的事业。

（5）合作性

创业活动往往离不开人与人之间的相互配合，特别是一个团队的合作。因此，创业者必须具备合作的心理特性。

大多数成功的企业家都是优秀的社会活动者，他们注重与不同的人交往，积极与不同的人交流、联系、合作、相互帮助，在互动的过程中获取信息，消除障碍，解决冲突，提升效率，加强彼此间的信任。这些都有利于创业的进一步发展。

（二）大学生常见的创业心理问题

1. 创业动机存在偏差

一些大学生的创业动机存在偏差，主要体现在以下两个方面。

（1）追求创业的乐趣

有些大学生把乐趣作为创业的原因。实质上，创业中充满了疲惫、压力、恐惧，这些均大于乐趣，因此为了更好地创业，大学生必须有正确的动机，如此才可以获得成功。

（2）为了减轻就业压力

有的大学生选择创业是为了减轻就业压力。他们认为创业这条路可以减轻一定的就业压力。

若为了就业而去创业，其价值就不会体现出来，成功的概率也不会太高。当前，我国引导大学生创业的一部分原因，是为了减轻当下的就业压力，但这并不是大学生创业的真正目的。

2. 创业认知存在偏差

一些大学生对创业的认知还不到位，一般而言，其认知存在的偏差源于以下3个方面。

（1）自卑

自卑源于大学生对自己的不自信，不相信自己的能力，无法正确地面对自己。自卑的人对未来没有信心，因此自卑是创业过程中的重要阻碍。

（2）认为创业会导致自尊心的丧失

有一部分大学生崇拜一些成功的创业者，但又认为读大学的目的是获得一份好工作，担心如果毕业后没有一份好工作会被身边的人质疑自己能力不足，被认为是找不到工作才去创业的。

（3）恐惧创业的风险

创业具有一定的风险。这便需要创业者在创业之初，对自己的产品质量、服务水平、相关市场等内容作出调研与分析，以最大限度避免风险的发生，而不是惧怕风险来临。

3. 创业心理适应能力差

创业心理适应能力差是大学生创业中一种常见的心理障碍，主要表现在以下5个方面。

（1）害怕失去自我

对大学生来说，创业就是把所有的时间都放在自己的生意上，没有太多的私人生活，也没有聚会休闲的时间，没有多余的时间陪伴家人。如果开始创业，最初一定是非常忙的，如果能力不够就会失去自我。

（2）对于突发事件不善应对

在创业的初期往往会发生各种各样的突发事件，这就需要大学生具备应对突发事件的能力。但通常情况下，大学生缺乏社会经验，应对突发事件的能力不足，一旦遇到问题就容易惊慌失措。

（3）容易产生急功近利的心理

一部分大学生在创业初期非常渴望成功，但往往因为过于激进而导致出现急功近利的现象。该心理状态的具体表现是：不一定要耗费很多的人力、物力、财力，总想以小博大、事半功倍。

但事实是，创业的过程或多或少都会遇到各种各样的挫折和问题。当遇到逆境时，当事人容易失望、丧失斗志，而且大学生在创业时比较急于求成，在工作中不断给自己施压，在各方面都严格要求自己，但总会出现心有余而力不足的情况，一旦遭遇失败就容易感到绝望，抑郁等心理问题就容易出现。但凡急功近利的人，都是凭借一时热情和梦想创业，对自己的期望值过高，一旦遇到问题就会手足无措。

（4）容易形成创业无能心理

创业无能心理实际上是一种不自信的表现，具体表现为对自己的评价过低，对自己的能力抱有怀疑的态度，并觉得自己不适合、不能创业。具有这种心理的人更加在意自己的条件不足，如技术不好、缺乏经验、能力欠缺、信息滞后、资金不足、无人协助等，总的来说就是觉得自己不适合创业，更适合就业。

（5）具有畏惧失败心理

畏惧失败，所以畏惧创业。有这种心理的人，不喜欢冒险，不喜欢竞争。部分大学生也许曾经有过创业的想法和念头，甚至将创业计划都落到纸上了，但因为害怕失败，害怕自己承担不了失败的后果而放弃了。所以，畏惧失败是阻碍创业的一大心理障碍。

（三）大学生创业积极心理品质培育

1. 大学生创业积极心理品质的内容

在大学生创业过程中，积极的心理品质往往体现在以下 5 个方面。

（1）自主的认知能力

认知不仅是人类的基本心理，而且是感受、感知、记忆、联想、思维及语言共同参与的认识外界事物的一个过程。与此同时，因为个体的不同，认知能力也各不相同。换言之，不同人遇到同样的外部刺激时，产生的认知也不同。

大学生要想成功创业，拥有积极的认知素质是非常重要的。大学生在具备一定的认知素质后，才可以自主地认识和接受自我，才能意识到自己的优势与劣势，进而积极地提高自我；只有在创业时，正确地看到积极的一面和消极的一面，才可以从积极的一面中找到解决问题的方法。

（2）坚强的意志

创业不但具有一定的挑战性，同时也有一定的难度，会遇到各种困难、挫折，也可能失败。大学生要想在创业时科学地解决问题、克服困难，通过毅力最终取得成功，就必须拥有坚强的意志。

（3）坚定的信仰

大多数大学生毕业后，直接步入社会开始工作。但目前，全社会的就业形势非常严峻，相关部门实施更加积极的就业政策，以创业创新带动就业，积极引导广大毕业生开展自主创业。在这种情况下，对大学生实施创业教育，使大学生形成创业意识并主动创业就显得尤为重要。与此同时，只有具备且坚定了创业的信念，大学生才可以产生积极的心理状态，进而发挥其潜在的创业能力。

（4）良好的能力和素质

创业是长期而复杂的过程，对创业者的能力有一定的要求。这里提到的创业能力，是指一个人成功完成某一活动所必须拥有的心理特质。一般而言，创业能力应涵盖专业的技能、沟通能力、组织能力、经营能力、市场把控能力等方面。

与此同时，大学生应进一步提升自我的创业能力，如此才可以在创业活动中取得实效。因此，大学生创业积极的心理品质应涵盖良好的能力和素质这一重要内容。

（5）积极的情感表达

积极的情绪，通常可以带来积极的影响，因此它是人的正能量之一。相关研究表明，可以巧妙处理情绪且察觉他人情绪的人，通常可以理性地掌控自己的情绪，进而在创业时与他人有效地沟通，并得到他人的认同。

2. 大学生创业积极心理品质的意义

就大学生而言，拥有创业的积极心理品质非常重要，具体体现在以下两个方面。

（1）有利于大学生创业的顺利开展

大学生要想成功创业，必须在创业之初便具备全面、过硬的综合素质。培养大学生积极的创业心理，可以不断提高其素质水平。除此之外，培养大学生积极的创业心理，还可提高其社会适应能力，进而优化自身的知识体系，积极寻求并抓住创业机会，理性地对待创业途中的困难与挑战，进而实现成功的目标。

（2）有利于大学生顺应社会发展的需求

现阶段是一个经济飞速发展的时代，人们对于知识的需求日益增强。当前，一些企业若想得以生存，就应不断地运用新的技术，创造出新的产品。为了实现这一点，需要训练一批具有新技术、新技能和创业能力的人才。

在培养大学生创业心理的同时，也应秉承这一要求，使其具备积极的创业心理。如此，大学生才能确立科学的创业目标，端正其创业心态，坚定其创业信念，突显其创业人格，进而在创业的过程中取得成功。

3. 大学生创业积极心理品质的培育

（1）构建正确的人生观与价值观

一个人是如何看待世界、解决问题的，其根本出发点便是他的人生观与价值观。

人生观与价值观是否正确、是否可行、是否符合实际，在一定程度上决定了其是否可以在人的发展历程中起到积极、正面的作用，从而最终决定一个人是否具备积极的品质。因此，大学生应该树立正确的人生观与价值观。

（2）形成胜利的信念

一个可以完全掌握自己内心的人，也将掌控有机会掌握的一切事物。当树立起积极的态度，并将自己看作成功者时，成功便开始了。

（3）学会认可他人

在生活、工作的过程中，鼓励而不是批评他人，可以唤起人们的内在力量，使人们认识自己的缺点，弥补自身的不足，营造和谐的氛围，如此有助于在事业与生活方面获得成功。因此，对他人多加赞美与认可，是创业者收获人气、积聚力量的重要方式。

（4）以自我积极的一面去引导他人

人们大多愿意与积极向上的人相处。一个人若满是负能量，就会给周围的人带来压抑感和不快，这不利于营造愉悦的工作氛围。对于一名创业者而言，若无积极向上的心态，便无法以正面的能量去影响他人，最终很难成功。因此，创业者应带着良好的愿景，与周围的人共同创业、实现梦想，这样成功的概率才会加大。

（5）维护好人际关系

在人际关系中受欢迎的人通常积极向上、聪明智慧，且有一定个性，较为独立、诚实、幽默、乐于助人、精力充沛。在人际关系中不受欢迎的人，通常是比较自我、没有突出个性的人。因此，在社交过程中，最重要的是诚实，以一颗真诚的心去交流，保持自我的优秀品质，建立并维护良好的人际关系。

（6）竞争意识的培养

培养竞争意识的关键因素是强化自信，具体来讲可以分为三个方面。第一，对自己的优点要多加关注，不断强化自己的积极心理，进而保持一定的自豪和自信，多接触自信心强、胸怀宽广的人，让自己保持正能量；充分认识自己的优点和特长，抓住时机好好展现自己，并且要不断改正自己的缺点。第二，敢于直面竞争，如果有可以展现自己能力的活动，一定要积极参与；并且在参加活动前一定要做充分的准备，展现自己的才能，不断增强自己的自信心。第三，制定目标，给自己设置一定难度的目标，全力以赴地完成挑战，不断增强自己的竞争意识和能力。

第三节 大学生生命教育的辅导

一、大学生生命教育辅导的目标、内容及其原则

大学开展生命教育辅导不仅是促进大学生全面发展的需要，也是帮助大学生健康成长的迫切要求。

（一）大学生生命教育辅导的目标与内容

1. 大学生生命教育辅导的目标

大学生生命教育辅导的目标体现在以下 3 个层面。

（1）培养大学生珍爱生命意识

让学生在整个教育过程中能够体会到身为人类的意义与价值，重视生死大事，珍爱自己，保护生命，了解生命来之不易，通过体验生命成长的艰辛与苦难，更加认真地生活，发扬生命的光与热，获得尊严。

（2）促进大学生规划发展生涯

学生在整个教育过程中，能够体会人性。在获得尊严之后，进一步构建生命的前景，从自我、休闲、人际等层面设定明确的努力方向，创造精彩人生。

（3）促进大学生自我实现

学生在整个教育过程中，能学会适时构建自己的理想，并努力使理想与现实吻合，完成自我实现。在生命成长与发展的过程中，能够累积无数的“理想与现实相吻合”的自我实现。

2. 大学生生命教育辅导的内容

大学生生命教育辅导的内容涉及 4 个方面。

（1）指导大学生认识生命的意义，进而尊重生命、热爱生命

（2）促进大学生对人的关怀，丰富生命的内涵，提高生命价值

（3）协助大学生检视自己的生命历程和价值

（4）教育大学生尊重自己和他人，关怀社会

（二）大学生生命教育辅导的原则

大学生生命教育辅导原则是指在对大学生进行生命教育辅导时需要遵守的准则，适用于所有生命教育，目的是达成生命教育目标。该准则的形成与教育实践过程应贯穿教育全过程。生命教育原则彰显的是生命教育的理念、本质、目标、宗旨及规律。

1. 大学生生命教育辅导的体验性原则

体验是大学生生命教育辅导必须坚持的原则，在教育中应重视体验的意义与价值。

（1）指导带领大学生体验生命的存在

开展大学生生命教育需要主动指引、带领大学生体验生命的存在，通过真实的体验，找到生命存在的真正意义。大学生生命存在体验有两种方式。

一是被动体验。自发、经常、直接地让人们感受，其特点是体验的获取既不需要主体努力，也不需要主体进行思维转化，体验会自发、直接地进入人们的内心。

二是主动体验。需要主体主动努力，将外界环境与事物通过内心感受转化为主体的内心意识、内心体验。主动体验的结果是产生新的感悟、新的理解、新的历史乃至新的精神世界。

（2）加强体验模式的设计工作

体验模式设计作为大学生生命教育辅导的重要组成部分，可以提高大学生的

体验能力，促进大学生正确发展。为了加强大学生对生命教育的体验感，高校可以开展体验模式设计工作，通过让大学生参与体验模式设计，帮助其全面增加体验感受。

体验模式设计的特点是富有情境性、主体性及设计性，能够有效地挖掘和提升生命价值。

（3）在生活中进行生命体验

大学的生命教育要带领和指导大学生从相对封闭的大学校园中走出去，感受生活的丰富多彩，在真实的社会中感受人的真善美，不断丰富生命的体验，提高生命的价值。

2. 大学生生命教育辅导的生成性原则

大学生生命教育辅导需要遵循生成性原则，从后天生成的角度来引导、指引大学生生命发展，促进大学生更好发展。

（1）重视生命教育中的生命成长过程

生命教育应该让大学生明白生命的意义在于对思想形成过程的思考、对自身发展的思考；生命的意义在于成长和实现自我，生命教育注重通过过程生成、培养自我意识和精神。

（2）加强大学生和谐生命关系的建设能力

融洽和谐的社交关系，可以帮助大学生更快更好地成长，尤其大学阶段正是大学生从青涩走向成熟的关键时期，社交关系的处理极为重要。生命教育有责任也有义务帮助大学生拓展生命关系，建立大学生与自然、社会、家庭、教师、其他学生，甚至自我交流的桥梁。

除此之外，生命教育还应该帮助大学生在人际关系中找准自己的位置，让自己处在积极、向上、进取、有无限发展潜力的友好和谐的生命关系中，不断地滋养生命，帮助生命成长，实现生命的升华与发展。

（3）尊重生命个体的差异性和独特性

在大学生生命教育辅导的过程中，教育者应该以开放的、多元的、变化的教育态度，从整体上、宏观上来思考大学生的生命教育培养，尊重大学生的差异性与独特性，并且尊重他们的个性发展、情感发展及个性追求。生命教育的生成性决定着生命教育的结果必然是培养出个性鲜明的大学生群体。

（4）注重大学生内心的自我塑造与自我培养

大学生生命教育的培养应该遵循生成性原则，在不断变化的外界环境和自身经历的影响下，形成崭新的精神面貌，通过形成新鲜力量，激发个体内心对以往自我的不满足，促使个体形成自我塑造与创造力，向更好、更高水准的自我发展。

在生命教育的过程中，要通过不断实践与思维转化，将外在能力逐渐转化为自我内心的塑造力与创造力，不断地激发内心对过去自己的不满足和对未来自己的展望，促使大学生不断向更好、更高的目标发展。

3. 大学生生命教育辅导的幸福性原则

生命教育的核心原则是幸福性原则，引导大学生正确理解、认识幸福，从而能够追求并体验幸福。大学生生命教育辅导的幸福性原则，体现在以下 5 个方面。

（1）引导大学生秉持以幸福为基础的生命理念

幸福是人们行动的出发点，人生的目的就是追求幸福。大学生处于不确定的青年期和社会的转型期，生命教育要引导大学生秉持以幸福为基础的生命理念，让他们意识到人生的基本价值是追寻和获得幸福，使整个人生都充满对幸福的追求和享受，最理想的生活就是拥有幸福的生活。

（2）引导大学生追求高层次、崇高的幸福，提升幸福感，维持幸福的持久性

生命教育能够帮助大学生平衡自身生理愿望与实际生活的关系，有利于大学生实现生理上的愿望并获得满足感，从而追求更高层次的幸福。追求幸福的过程是快乐、充实、有意义的，提升幸福感的同时，也能够获得价值感。

（3）培养大学生丰富多彩、快乐纯真和真诚恳切的幸福感

幸福是人们感受生活的一种积极体验。培养大学生幸福感不是简单的教化，而是需要生活情感潜移默化地感染，如父母亲情的感化、友情的感染等。所以，在大学生生命教育的过程中，教师应根据不同学生的情况设立合适的环境，因地制宜地选择恰当、高效的方法，引导大学生创建幸福美满的情感生活。

（4）通过实践感受生活，使大学生感受幸福，从而培育幸福感

生命的本质就是幸福，生命中充满了幸福。幸福是主观感受和客观条件共同作用产生的情绪。通过实践感受生活，有利于实现主观感受和客观条件的统一。大学生可以通过实践来获得幸福感。教育者在从事生命教育课程时，不能直接向

大学生提供幸福感，要通过教育和引导使大学生通过实践获得并提升幸福感。

（5）培育大学生直面挫折的勇气，培养淡泊名利的幸福感

通过生命教育辅导课程培育大学生淡泊名利的品质，能够丰富大学生的精神世界，培养、提升大学生的人文价值，使大学生能够坦然面对浮躁的社会氛围，直面自己的缺点和问题及经历的困难和挫折。在实践中要站在更高的位置，把问题和事物看得更长远，思考得更加细致和全面。

4. 大学生生命教育辅导的超越性原则

在对大学生进行生命教育辅导的过程中，要激发大学生的超越精神，引导大学生将更多精力投入学习中，使其保持学习的热情、设定人生目标和树立远大理想、勇于解决问题以及面对困难和挫折，培养大学生积极拼搏的精神，帮助他们实现自己的理想和生命价值。

（1）培养并唤醒大学生的超越意识

大学生具有长时间和丰富的知识积累，具有较强的超越意识，但是许多大学生并没有将其表现出来。这就需要教育者在生命教育的过程中唤醒大学生的超越意识，让他们认识到，只有努力拼搏和不断挑战自我才能实现自身的目标和人生价值，这样的人生才算完整并有意义。

此外，唤醒超越意识有利于激发大学生的创新能力和创造能力，使他们继续突破自己，实现人生价值。

（2）应然到实然再到更高层次应然的螺旋式提升和超越

人生就是实现自我和超越自我的过程。生命教育要根据大学生的自身情况，利用外界环境，因地制宜地激发大学生内在的超越意识，这有利于其人生发展。

要引导大学生清楚地认识到自身的状况，设立可实现的目标，激发大学生提高自己、改变自己和超越自己的热情，通过“制定目标—努力实践—实现目标”这一发展模式，将应然转变为实然，再产生新的应然，实现这一周而往复的过程，最终使大学生实现螺旋式的提升和超越。

（3）引导大学生感悟生命的价值

培育大学生淡泊名利和超越自我的情怀。生命教育的意义就是要引导大学生在生活中善于发现正面、积极的事物，善于自我反省和总结，敢于面对困难、挫折和挑战。

高校通过不同方式培养大学生吃苦耐劳和勇于攀登的精神品质，让他们真正感悟生命的意义和价值，帮助他们提升、超越自己，塑造大学生的精神乐园。

（4）培育大学生反省的能力和质疑批判的能力

人们能够通过反省及质疑批判来提升和超越自我价值。在生命教育中，要帮助大学生打破这种束缚，使大学生具备反省、质疑和批判的能力。这样，大学生在今后的学习中就会加强自我反思，不再迷信权威，并将批判精神融入学习中，实现自我超越。

二、大学生生命教育辅导的策略分析

（一）加强心理辅导是大学生生命教育辅导之基

大学生生命教育辅导的前提和基础是不断加强大学生的心理辅导，心理辅导的加强是帮助大学生解决目前存在的各种障碍和心理问题的有效途径，也是保证大学生顺利完成学业和全面发展的前提，还是保护其生命发展的重要措施。

大学应该通过培训、讲座、游戏互动等活动给大学生普及心理健康知识，通过主流媒体将心理健康知识渗透到学生的生活、学习和交往中，在潜移默化中使学生增强对心理健康教育的了解和认知，不断提高学生的受挫能力和面对挑战的能力。

除此之外，学校还应该全方位地关注学生，选择一些心理素质良好的教师或者学生开展心理观察和心理辅导工作，及时发现并解决大学生存在的心理问题。

（二）丰富课程内容是大学生生命教育辅导之源

加强大学生生命教育辅导的重要依托和载体是制定内容丰富、有科学逻辑体系的课程。课本教材是教学最主要的载体，它连接了“教”和“学”。在设置课程内容时，应该加入情感、人际交往、安全知识、突发情况应对等教育内容，将这些内容渗透到“思想政治教育学原理”“大学生体育与健康”等相关课程中去。同时，一定要教导学生珍爱自己的生命，通过组织一些突发事件的演习活动等，不断加强对大学生的生命教育。总而言之，一定要及时完善课程体系和活动体系，为开展生命教育奠定坚实的基础。

（三）优化文化环境是大学生生命教育辅导之魂

加强当代大学生生命教育辅导的根本是营造和谐文明、积极向上的文化环境。文化环境必须得到优化才能丰富和提升生命的内涵，才能充分体现生命的价值和实现人生的意义。

文化产生于特定的历史、社会发展时期，不同国家、不同时期所倡导的文化理念不同，文化差异对大学生生命教育的影响不同。作为当代大学生，应该在学校的引导下学习社会主流文化，实现对文化的认同，增强文化自信。大学还应该加强校园文化建设，营造良好的校园文化氛围和环境。

参考文献

[1] 陈至立. 辞海 [M]. 上海：上海辞书出版社，2019.

[2] 郑日昌 . 中学生心理卫生 [M]. 济南：山东教育出版社，1994.

[3] 张灵聪，宋兴川 . 中学生心理辅导与咨询 [M]. 上海：华东理工大学出版社，1998.

[4] 王以仁，陈若玲，林本乔 . 教师心理卫生 [M]. 北京：中国轻工业出版社，1999.

[5] 康普顿 . 好妈妈有办法：不焦不躁带出快乐孩子 [M]. 张新，译 . 武汉：长江少年儿童出版社，2021.

[6] 周旖 . 积极心理学视角下高校大学生心理健康教育研究 [D]. 长沙：湖南师范大学，2013.

[7] 于风笛 . 积极心理学视域下大学生心理健康教育对策研究 [D]. 沈阳：沈阳航空航天大学，2015.

[8] 沈德立 . 大学生心理健康 [M]. 北京：高等教育出版社，2013.

[9] 弗莱雷 . 被压迫者教育学 [M]. 顾建新，张屹，译 .50 周年纪念版 . 上海：华东师范大学出版社，2020.

[10] 王志贤，刘斌，李梦婷 . 基于积极心理学的大学生创业心理教育体系构建 [J]. 黑龙江教育学院学报，2018，37（10）：92-95.

[11] 赵郝锐 . 体验式教学在大学生心理健康教育课程中的应用探索 [J]. 黑龙江教师发展学院学报，2023，42（12）：43–45.

[12] 张慧 . 大学生心理健康教育的困境及出路 [J]. 中国电化教育，2023（12）：99–105.

[13] 高丽茹 . 服务学习：大学生心理健康教育课程的新模式探究 [J]. 黑龙江教育（高教研究与评估），2023（12）：26–28.

[14] 李苗，王昱，郭晓莉 . 错失焦虑对大学生心理健康的影响及应对策略 [J]. 陕西教育：高教版，2023（12）：49–51.

[15] 陈泰康 .“三全育人”理念下大学生心理危机的预防与干预机制研究 [J]. 才

智，2023（33）：92–95.
[16] 贾洁，郑孟曜 . 新媒体环境下大学生心理健康教育对策研究 [J]. 新闻研究导刊，2023（22）：187–189.
[17] 杨维 . 课程思政背景下民办高校大学生心理健康的实现途径 [J]. 中国学校卫生，2023（11）：1762–1763.
[18] 王子庥，郝帅 . 马克思人本思想在大学生心理健康教育中的应用探讨 [J]. 中国学校卫生，2023，44（11）：1768–1769.
[19] 许琦 . 大学生心理问题的现状与应对策略 [J]. 大众文艺，2023（22）：157–159.
[20] 林艳 . 信息化背景下高职院校“大学生心理健康教育”课程思政的探索 [J]. 西部素质教育，2023（22）：30–33.
[21] 陈新星 . 高校辅导员开展大学生心理健康教育研究 [D]. 福州：福建师范大学，2016.
[22] 吴霞 . 改革开放以来大学生心理健康教育研究 [D]. 重庆：西南大学，2015.
[23] 张卫平 . 大学生心理健康教育德育功能研究 [D]. 沈阳：辽宁大学，2015.
[24] 张媛媛 . “大学生心理健康教育”课程思政建设研究 [D]. 杭州：浙江工商大学，2023.
[25] 马雁思 . 高等教育水平分层视角下当代大学生心理健康状况研究 [D]. 济南：山东大学，2022.
[26] 雷煜曦 . 网络背景下大学生心理健康课程建设研究 [D]. 哈尔滨：黑龙江大学，2022.
[27] 于婷 . 大学生品格优势、情绪管理与心理健康关系 [D]. 哈尔滨：黑龙江大学，2022.
[28] 刘天一 . 大学生宿舍人际关系、大五人格和心理健康相关性研究 [D]. 哈尔滨：黑龙江大学，2022.
[29] 杨艺旋 . 社会支持对大学生心理健康的影响研究 [D]. 成都：四川省社会科学院，2021.
[30] 许艾静 . 基于心理健康课程的大学生心理健康素养干预研究 [D]. 武汉：华中师范大学，2020.